Anselm Grün

LA FEDE
DEI CRISTIANI

spiegata
ai non cristiani

SAN PAOLO

In copertina
Pietro e Giovanni accorrono al sepolcro la mattina della Resurrezione
Eugène Burnand

Titolo originale dell'opera:
Der Glaube der Christen
© Vier-Türme GmbH Verlag, Münsterschwarzach 2006

Traduzione dal tedesco
di Monica Rimoldi

© 2012 Edizioni San Paolo s.r.l.
Piazza Soncino, 5 - 20092 Cinisello Balsamo (Milano)

www.edizionisanpaolo.it

Distribuzione: Diffusione San Paolo s.r.l.
Corso Regina Margherita, 2 - 10153 Torino

Progetto grafico: Ink Graphics Communication, Milano

Supplemento a Famiglia Cristiana di questa settimana
Direttore responsabile: Antonio Sciortino
Settimanale registrato presso il Tribunale di Alba il 7/9/1949 n. 5
P.I. SPA - S.A.P. - D.L. 353/2003 L. 27/02/04 N. 46 - a.1 c.1 DCB/CN

www.famigliacristiana.it

ISBN 978-88-215-7488-7

INTRODUZIONE

Nel dialogo con molte persone che sono «alla ricerca» mi viene posta di continuo la domanda: Qual è lo specifico del cristianesimo? In che cosa ci distinguiamo noi cristiani da buddhisti, indù o musulmani? Che cosa ci unisce gli uni agli altri? In che cosa si distingue la nostra dalle altre religioni?

Oggi è importante che le religioni conducano tra loro un dialogo sincero, in cui non si giudichino, ma si rispettino a vicenda. Ma dialogo significa anche sostenere la propria posizione e cercare di comprendere l'altro a partire da questa posizione. Lo scopo del dialogo è sempre quello di imparare dall'altro, non di confondere le cose. Per questo, ogni dialogante dovrebbe avere chiara la propria identità.

In parte noi cristiani abbiamo perso questa identità. Molti cristiani non sanno più quale sia il punto centrale della loro fede. Già nel 1968 Joseph Ratzinger, l'attuale papa Benedetto XVI, iniziava la sua *Introduzione al cristianesimo* con la constatazione: «Il problema di sapere esattamente quale sia il contenuto e il significato della fede cristiana è oggi avvolto da un nebuloso alone di incertezza, come forse mai prima d'ora nella storia»[1].

In questo libro vorrei sostenere soprattutto quei cristiani che sono alla ricerca della propria identità aiutandoli a superare la «nebbia dell'incertezza».

Nel far questo, non distinguo fra confessione cattolica o evangelica. Naturalmente descrivo quello che è specificamente cristiano da persona che proviene dalla tradizione cattolica e vive in essa. Ma in questo libro mi interessa – per quanto mi sia possibile a partire dalla mia prospettiva – l'essenza del cristianesimo, indipendentemente dalle confessioni. Considero, anzi, come interlocutori sia i seguaci di altre religioni, sia i cristiani che si sono allontanati dalle proprie radici cristiane e che desiderano ritrovarle.

Vorrei solo offrire degli stimoli. Ciascuno deve decidere personalmente, che cosa sia decisivo nella sua fede cristiana. Essere credente significa per me continuare a rendere conto di quello che mi sostiene, di quello da cui e per cui vivo ed essere credente significa continuare a domandarmi che cosa signifchi per me Gesù Cristo

---

[1] J. Ratzinger, *Einführung in das Christentum: Vorlesungen über das Apostolische Glaubensbekenntnis*, Kösel, München 1968, p. 9 (*Introduzione al cristianesimo: lezioni sul simbolo apostolico*, trad. it. di G. Francesconi, Queriniana, Brescia 2005, p. 25).

e continuare a interrogarmi sul modo in cui affronto i problemi essenziali della vita umana: la sofferenza e la colpa, la malattia e la morte, il lavoro e la quotidianità, l'amore e il piacere.

Per tale motivo nel libro non vorrei parlare del contenuto della fede cristiana solo in modo teorico, ma vorrei anche tenere conto del modo in cui affronto la mia vita da cristiano e di quello che «attraversa la mia strada» giorno per giorno.

Non offro qui un libro di dogmatica, inteso a presentare i contenuti essenziali della fede cristiana o le dottrine principali della Chiesa; cerco piuttosto, a partire dai miei sessantun anni da cristiano, quarantadue dei quali trascorsi da monaco benedettino, di rendere conto di quello che significano per me Gesù Cristo e la fede cristiana. Nel farlo mi lascio guidare dall'ammonimento di san Pietro: «Pronti sempre a dare una risposta a chi vi chiede il motivo della vostra speranza, con mitezza e rispetto, con una coscienza retta» (1Pt 3,15-16).

Tuttavia, prima di rispondere agli altri, devo dare a me stesso una risposta che sia soddisfacente. Che cos'è la fede che mi sostiene? Qual è la speranza che mi anima e mi mette le ali ai piedi, che mi colma di fiducia?

E vorrei rispondere alle domande tenendo sempre conto delle altre religioni. In questo campo non sono uno specialista. Alla fine degli anni '60 del secolo scorso mi sono occupato in modo più dettagliato del buddhismo e

7

ho praticato per anni la meditazione zen. Quello che so delle altre religioni deriva da quello che ho letto o dagli incontri concreti con i rappresentanti delle altre religioni, ma conosco le altre religioni troppo poco per poter davvero esprimere un giudizio. Quello che scrivo di loro rimane, quindi, soggettivo. Tanto nel buddhismo quanto nell'induismo si possono trovare innumerevoli scritti sacri e interpretazioni. In quelle religioni incontriamo un sistema filosofico e teologico estremamente complesso. Non ho la pretesa di comprendere tutto quello che viene insegnato in quelle religioni, ma cerco di andare incontro con grande rispetto alle dottrine e alle esperienze che si trovano in esse.

Nel dialogo interreligioso lo scopo non è quello di rimescolare le religioni o di creare una «super-religione» – una nuova religione al di là di tutte le religioni –, tanto meno una forma di spiritualità transconfessionale e transreligiosa. Un atteggiamento del genere non prenderebbe sul serio la tradizione delle singole religioni e significherebbe concepire qualcosa di generico che non aiuterebbe nessuno.

Per esempio, se si dicesse che tutti i contenuti del cristianesimo non sono nient'altro che quello che i buddhisti o gli indù esprimono in un'altra lingua, non si farebbe che appiattire tutto. Sostenere che la religione sia qualcosa di esteriore, che la cosa importante sia l'*unica* esperienza interiore, che va al di là di tutte le religioni concrete, è un'illusione, dato che non si può avere l'esperienza senza la religione. Ogni esperienza è legata, inoltre, a una lingua specifica. Naturalmente c'è il silenzio che va al di là del linguaggio. Naturalmente c'è anche l'esperienza che si lascia alle spalle le forme concrete della religione. Tuttavia, sostenere di poter abbandonare le religioni concrete per dedicarci all'esperienza pura conduce a una nuova dogmatica, che è più chiusa delle affermazioni dogmatiche delle diverse religioni. Qui, infatti, un'esperienza viene assolutizzata fino a diventare una dogmatica che non sopporta nessuna contraddizione.

Il gesuita indiano e maestro zen Ama Samy afferma: «Non esiste un'esperienza senza interpretazione o linguaggio»[2]. Per questo motivo non si tratta di mescolare zen o cristianesimo. Il cristiano dovrebbe piuttosto immergersi completamente nell'esperienza zen, ossia «passare completamente dall'altra parte» e poi tornare di nuovo alla sua *forma mentis* cristiana. Nel passaggio, la sua esperienza di cristiano viene arricchita e trasformata. Joseph Ratzinger, ora Benedetto XVI, è convinto che, «per comprendere la religione, la si deve vivere dall'interno e che solo a partire da questa esperienza, necessariamente particolare e storicamente condizionata

---

[2] A. SAMY, *Aktuelle Fragen der Zen-Unterweisung. Sind christliche Lehrer Kolonisatoren?*, «Geist und Leben», 6 (2005), pp. 424-439, qui p. 428.

nel suo punto di partenza, si può giungere alla comprensione reciproca e, quindi, a un approfondimento e a una purificazione della religione»[3].

Ogni via religiosa – se percorsa in modo consapevole – conduce a un'esperienza profonda. Su questo piano esperienziale possiamo dialogare con le religioni differenti e cercare di comprenderci a vicenda.

Quando ci avventuriamo sul piano dell'esperienza, ci avviciniamo a noi stessi dal punto di vista interiore. I monaci buddhisti, per esempio, possono comprendere i detti patristici dei primi monaci cristiani. Hanno l'impressione di conoscerli già. In modo analogo, anche noi possiamo sentirci interpellati internamente dai racconti dei maestri zen, in quanto fanno risuonare esperienze simili dentro di noi.

Se sul piano dell'esperienza non si litiga, ma si dialoga, ciascuno vorrà interpretare la sua esperienza. E lo farà in riferimento al suo schema religioso di fondo. Per questo ha bisogno del linguaggio della sua religione: la via verso l'esperienza, che va al di là del linguaggio e della religione, passa sempre attraverso immagini e simboli e sistemi dogmatici e non li scavalca mai.

---

[3] J. RATZINGER, *Die Vielfalt der Religionen und der eine Bund*, Urfeld, Hagen 1998, p. 98 (*La Chiesa, Israele e le religioni del mondo*, trad. it. di G. Reguzzoni, San Paolo, Cinisello Balsamo 2000, p. 59).

Quando provo a rappresentare l'essenza del cristianesimo, vorrei farlo a partire da una solida fiducia in me stesso e da una grande riconoscenza per la ricchezza della dottrina e della tradizione cristiana. Tuttavia, non voglio sminuire le altre religioni o collocare il cristianesimo al di sopra delle altre religioni.

Non possiamo, però, non affrontare la questione della pretesa di assolutezza. Questa pretesa è nota tanto ai buddhisti, quanto ai musulmani. Fa parte dell'essenza più intima di ogni religione. La questione è come parlarne oggi in modo adeguato, senza collocarci su un piano di superiorità rispetto agli altri. Il teologo Hans Küng, che non può certo essere accusato di fondamentalismo, nel suo libro *Essere cristiani* ha messo in guardia da una mescolanza sincretistica di tutte le religioni che ci sembrano così contraddittorie: «Un indifferentismo agnostico-relativistico, disgregante, che approvi e convalidi indiscriminatamente ogni altra religione, può apparire a prima vista liberatorio e rasserenante, ma risulta poi angoscioso nella sua livellante uniformità, da cui rimangono completamente esclusi criteri e norme stabili»[4].

Mi sono sempre confrontato con la domanda sul perché gli apostoli siano andati in tutto il mondo ad an-

---

[4] H. KÜNG, *Christ sein*, Piper, München 1974, p. 104 (*Essere cristiani*, trad. it. di G. Re e M. Beck, Mondadori, Milano 1988, p. 114).

nunciare il vangelo di Gesù Cristo. Nella loro epoca l'ebraismo era altamente sviluppato. Gli apostoli stessi erano ebrei collocati in una tradizione di provvidenza e di promesse divine. Si muovevano in un mondo in cui tutti credevano in Dio. In questo mondo erano presenti la filosofia e la religione greca, gli dèi romani e i numerosi culti misterici. Il mondo di allora era un mondo religioso che credeva in Dio. Che cosa c'era di particolare nel cristianesimo tanto da spingere gli apostoli a emigrare in tutto il mondo, a mettere in conto la persecuzione e la sofferenza e, infine, a pagare con la vita la loro testimonianza? Qual era il loro messaggio? Già nei vangeli e nelle epistole neotestamentarie emerge chiaramente che i primi cristiani hanno annunciato il messaggio di Gesù, il Crocifisso risorto, in un orizzonte culturale e religioso differenziato. Nel farlo si sono serviti del rispettivo contesto religioso e, tuttavia, hanno annunciato qualcosa che risultava nuovo ai loro contemporanei.

La novità si lascia riassumere in due parole: Gesù Cristo. La novità era Gesù Cristo. In Gesù, Dio stesso ha mandato suo Figlio nel mondo, per mostrare il suo amore in un modo nuovo e senza precedenti. E questo Gesù è morto per noi, ma non è rimasto prigioniero della morte. È risorto.

Il mistero della risurrezione di Gesù ha spinto i discepoli nel mondo. Si trattava di un atto senza precedenti da parte di Dio. Il punto principale era non solo la vittoria sulla morte, ma piuttosto una vita secondo altri criteri, secondo l'unità di misura di Gesù Cristo. I discepoli lo hanno annunciato con le parole che Gesù ha pronunciato, con le opere che ha compiuto. E hanno continuato a riflettere sul fatto, inizialmente così difficile da comprendere, della sua morte violenta sulla croce e della sua risurrezione. Hanno visto nella morte e nella risurrezione di Gesù la chiave per una nuova concezione della vita, per una nuova immagine di sé e per una nuova immagine di Dio.

Gli apostoli sono usciti da Gerusalemme e si sono spinti ai limiti del mondo per annunciare ovunque la buona novella. Oggi la fede cristiana è presente in tutto il mondo. I cristiani in Asia, Africa o America Latina possiedono, talvolta, una visione più chiara dell'essenza del cristianesimo rispetto a noi in Occidente. Se, per esempio, chiedessimo a un cristiano indiano come affronta la sofferenza, o a un cristiano giapponese come medita, o a un cristiano indio in Perú come si impegna per la giustizia, o che cosa intenda una donna filippina con fede cristiana, potrebbero aprirci gli occhi a prospettive nuove del cristianesimo.

Il filosofo indiano della religione Raimon Panikkar sostiene che noi cristiani occidentali abbiamo la tendenza a descrivere Gesù Cristo con i concetti del pensiero occidentale. E ci esorta: «È necessaria una trasformazione interiore (metamorfosi), o addirittura un trascendimento della nostra razionalità occidentale nel senso di una meta-noia, un superamento della ragione»[5]. Al giorno d'oggi, quindi, non si tratta solo di un dialogo fra le religioni, ma anche di un dialogo fra modi di pensare diversi, per poter descrivere il mistero di Gesù Cristo in modo davvero «cattolico», cioè globale. «Se siamo davvero convinti della verità del mistero di Cristo, allora dobbiamo diventare ancora più cattolici, appartenendo ancora di più al mondo intero (katholicos)»[6]. Dobbiamo «spogliare» Cristo dei vestiti occidentali per poterlo vedere e comprendere con occhi nuovi.

Io stesso posso solo provare a dare una risposta nella mia lingua alla domanda sul modo di vedere la mia fede cristiana, ma sono consapevole che la risposta è unilaterale.

Nella mia *forma mentis* sono influenzato dalla filosofia greca e, quindi, non ho la pretesa di trasmettere l'essenza della fede cristiana anche a persone provenienti da altre culture. Tuttavia, ho fatto spesso l'esperienza che la filosofia greca interpella e tocca anche persone di altre culture.

Nonostante questo, una cosa mi è chiara: oggi noi europei non abbiamo il monopolio del cristianesimo e del linguaggio cristiano. Proprio nel dialogo con giovani

---

[5] R. PANIKKAR, *Kulturelle Grenzen überschreiten. Situationsanalyse des interreligiösen Dialogs*, «Erbe und Auftrag», 82 (2006), pp. 102-105, qui p. 103.
[6] *Ivi*, p. 104.

cristiani del mondo intero possiamo ricevere impulsi dall'esterno che ci aiutano a trovare il nostro linguaggio e la nostra identità.

Cattolico significa: globale. Proprio oggi l'essere cattolici dovrebbe essere una caratteristica di tutti i cristiani, non solo dei cattolici. Dovremmo integrare nella nostra fede tutte le esperienze che gli uomini del mondo fanno di Dio e di Gesù Cristo e del suo messaggio. Tutte le esperienze, tutte le speranze, tutti i desideri degli uomini devono essere tenuti in considerazione, quando rispondiamo alla domanda sul senso della nostra fede cristiana.

Nel presente libro vorrei aiutare, quindi, i cristiani insicuri, che in un dibattito pubblico sulla religione si sentono quasi in imbarazzo, a dichiararsi cristiani e a testimoniare Gesù come il Figlio di Dio.

Vedo molti cristiani che nel dialogo con le altre religioni non sanno come definire l'essenza della loro fede. Tendono a vedere Gesù come uno dei tanti fondatori di religione. Molti di loro hanno subito ferite nella loro educazione cristiana e sono allergici a dogmi e simboli cristiani. Sono aperti piuttosto ai simboli di altre religioni, perché questi ultimi non sono ancora segnati da una storia concreta di vita e di sofferenza. Tuttavia, spesso a costoro non è chiaro che stanno seguendo immagini ideali di queste religioni e che non si immergono nella religione concreta.

Spesso molti di coloro che si rivolgono ad altre religioni perdono le radici. Al giorno d'oggi vedo molte persone che si sono allontanate dal cristianesimo, ma che in un'altra religione non trovano una vera patria. Voglio aiutare anche loro a riscoprire le radici, a separarsi dalle ferite dell'infanzia e a purificarle, per poter trasmettere di nuovo forza all'albero della propria vita.

Il mio scopo è aiutare molti cristiani nella ricerca della propria identità. Jürgen Werbick, nel suo libro *Vom entscheidend und unterscheidend Christlichen* (Quello che è decisivamente e distintamente cristiano), si confronta in modo molto intenso con la questione riguardante quello che costituisce il cristiano rispetto ai credenti di altre religioni. Nel libro, Werbick descrive così l'identità di ciò che è cristiano: «Ciò che è specificamente cristiano dovrebbe essere percepito come la cosa più significativa per eccellenza, qui e ora. Esige di essere identificata come "quintessenza" di quello a cui mi affido, perché l'ho sperimentato come la cosa più affidabile per eccellenza; come "quintessenza" della verità che sostiene e determina la mia io-identità, come "quintessenza" di quello che è decisamente e distintamente cristiano, con cui io mi identifico e mi lascio identificare in quanto cristiano»[7].

---

[7] J. WERBICK, *Vom entscheidend und unterscheidend Christlichen*, Patmos, Düsseldorf 1992, p. 27.

Il cristiano non è obbligato a difendere in modo aggressivo la certezza della sua fede contro gli altri. La sua certezza si esprime, piuttosto, nel «fascino di una strada, di una strada che promette di diventare una strada verso il compimento dell'uomo sulle tracce di Gesù Cristo; di una strada su cui la potenza di Dio, che libera e che crea giustizia, afferra gli uomini»[8].

Il mio desiderio è risvegliare nei cristiani che cercano la propria identità cristiana la passione per la via di Gesù che libera, guarisce e dona la vita. Questo è lo scopo del libro.

---

[8] *Ivi*, p. 71.

1

LA RELAZIONE A GESÙ CRISTO

Nel 1938 Romano Guardini pubblicò un libro dal titolo *L'essenza del cristianesimo*. Si è occupato, quindi, dello stesso tema che ci troviamo ad affrontare anche noi oggi. Ma non è stato lui il primo a porre la questione, che, infatti, divampata già nella Chiesa primitiva, è rimasta sepolta a lungo, per riaffiorare nuovamente all'epoca della Riforma e, infine, durante il Romanticismo.

Intorno al 1900 il famoso teologo evangelico Adolf von Harnack scrisse un libro dallo stesso titolo. Harnack voleva ridurre il cristianesimo all'annuncio dell'unico Padre nel senso del liberalismo: l'oggetto della fede non dovrebbe essere Cristo, ma il Padre, a cui tutti gli uomini credono. «Mentre il Figlio appartiene solo a pochi, il Padre appartiene a tutti e tutti appartengono a lui. Mentre la fede ha diviso, l'amore può invece unire»[1]. Ma questo

[1] J. RATZINGER, *Einführung in das Christentum*, cit., p. 158 (*Introduzione al cristianesimo*, cit., p. 189).

ottimismo non è durato a lungo. Ha contribuito piuttosto a diluire la fede cristiana.

Alla domanda sull'essenza del cristianesimo Romano Guardini dà questa risposta: l'essenza non è una dottrina particolare, ma una persona: Gesù Cristo.

La relazione a Gesù Cristo è differente dalla relazione agli altri fondatori di religione, come per esempio Buddha, che ha annunciato una bellissima dottrina con l'intento di liberare i suoi seguaci da ogni dolore e di condurli all'illuminazione. L'essenza del cristianesimo consiste nella relazione permanente a Gesù Cristo: «Da ultimo il cristianesimo non è una teoria della Verità, o una interpretazione della vita. Esso è anche questo, ma non in questo consiste il suo nucleo essenziale. Questo è costituito da Gesù di Nazareth, dalla sua concreta esistenza, dalla sua opera, dal suo destino – cioè da una personalità storica»[2].

A Berlino, Guardini aveva rapporti con la «Casa di Buddha» ed era affascinato da alcune dottrine di Buddha. Per questo motivo ha elaborato l'essenza del cristianesimo proprio a partire dalla differenza con il buddhismo. Buddha è il risvegliato che ha trovato la via verso l'illuminazione e la liberazione dal dolore di questo mondo.

[2] R. GUARDINI, *Das Wesen des Christentums*, Werkbund-Verl., Abt. Die Burg, Würzburg 1938, p. 14 (*L'essenza del cristianesimo*, trad. it. di M. Baronchelli, Morcelliana, Brescia 1984, pp. 11-12).

È colui che conduce sulla via del risveglio. Ma non appena i suoi seguaci sono risvegliati, non hanno più bisogno di lui come guida.

Con Cristo le cose stanno diversamente. L'essenza del cristianesimo consiste nella relazione permanente a Gesù Cristo. Guardini cita i molti brani dei vangeli nei quali Gesù fa dipendere la salvezza dell'uomo dalla relazione a Lui stesso. Soprattutto nel vangelo secondo Giovanni la relazione a Gesù e la fede che in Lui vede il Padre, sono l'aspetto decisivo del cristianesimo: «Io sono la luce del mondo. Chi mi segue non cammina nelle tenebre, ma avrà la luce della vita» (Gv 8,12).

Gesù paragona se stesso alla vite e noi ai tralci. Solo se rimaniamo in Lui come tralci, portiamo frutto. Sì, lo dice in modo ancora più radicale. «Chi rimane in me e io in lui, questi porta molto frutto, perché senza di me non potete fare nulla» (Gv 15,5). Gesù è il motivo più intimo per cui viviamo. Ci porta a sviluppare tutto il potenziale della nostra anima. E la nostra vita è feconda, solo se viviamo a partire da questa fonte interiore. Nella prima lettera di Giovanni, la relazione a Gesù viene vista come condizione della salvezza: «Ogni spirito che non confessa Gesù non è da Dio» (1Gv 4,2). E poco dopo Giovanni formula questo concetto in modo ancora più chiaro: «Chi confessa che Gesù è il Figlio di Dio, Dio in lui rimane ed egli in Dio» (1Gv 4,15).

Dopo aver presentato tutti questi passi evangelici, Guardini tira la conclusione: «Non c'è alcuna dottrina, alcuna struttura di valori morali, alcun atteggiamento religioso od ordine di vita che possano venir separati dalla persona di Cristo, e dei quali poi si possa dire che siano l'essenza del cristianesimo. Il cristianesimo è EGLI STESSO; ciò che per mezzo suo perviene agli uomini, e la relazione che per mezzo suo l'uomo può avere con Dio»[3]. Per papa Benedetto XVI la fede cristiana allontana dalle idee pure e porta verso l'Io di Gesù. Gesù è Verbo di Dio e Figlio di Dio. Questo significa per Joseph Ratzinger un'«apertura totale». Così riassume l'essenza della fede cristiana: «La fede cristiana non si riferisce a un'idea, ma a una Persona, a un Io, e precisamente a un Io che viene definito come Verbo e Figlio, cioè come apertura totale»[4].

Se i valori del bene, del bello e del vero così come la vera umanità si concretizzano anche altrove, allora bisogna considerare la relazione a Gesù Cristo come la caratteristica essenziale del cristianesimo. «Cristianesimo è... esclusivamente l'attivare, nella teoria e nella prassi, il ricordo di Gesù Cristo»[5].

Per Hans Küng è importante comprendere *quale* Gesù prendiamo a fondamento della nostra fede e della nostra esistenza[6], perché nella storia della Chiesa ci sono state

---

[3] *Ivi*, p. 68 (*L'essenza del cristianesimo*, cit., p. 83).
[4] J. RATZINGER, *Einführung in das Christentum*, cit., p. 169 (*Introduzione al cristianesimo*, cit., p. 201).
[5] H. KÜNG, *Christ sein*, cit., p. 118 (*Essere cristiani*, cit., p. 131).
[6] Cfr. *ivi*, pp. 119ss (*Essere cristiani*, cit., pp. 132ss).

numerose immagini di Gesù, che hanno condotto spesso a parzialità o a falsificazioni dello specifico del cristianesimo. Per questo motivo dobbiamo studiare con attenzione la Bibbia, per incontrare il vero Gesù che ci descrivono i vangeli e le lettere del Nuovo Testamento.

Ma nel farlo ci renderemo conto che ogni vangelo delinea un'immagine diversa di Cristo. Quindi, non possiamo vincolare Gesù, che è e rimane aperto a molte immagini. Perciò anche il cristianesimo è una religione aperta. La sua essenza consiste nel cercare sempre chi sia stato questo Gesù e chi sia per noi oggi, che cosa abbia insegnato, come abbia vissuto, come abbia compreso e annunciato Dio.

Anche per noi cristiani è Dio il vero scopo della nostra vita, ma l'unica via per arrivare a questo Dio è Gesù Cristo, Dio incarnato per noi. In lui Dio diventa uomo. Egli ci annuncia la vera immagine di Dio e ci libera continuamente dalle proiezioni che noi gettiamo su Dio.

Se il cristianesimo è soprattutto una relazione personale a Gesù Cristo, in questa relazione si esprime qualcosa di essenziale, di importante, proprio per il dialogo con le altre religioni. Al giorno d'oggi è di moda parlare di un'immagine impersonale di Dio, immagine che ci viene presentata soprattutto dalle religioni orientali. Certamente

[6] Cfr. *ivi*, pp. 119ss (*Essere cristiani*, cit., pp. 132ss).

queste religioni ci fanno notare che non possiamo eccedere e costringere Dio nel nostro concetto di persona plasmato dal pensiero occidentale: Dio è persona in un modo diverso rispetto a quello che pensiamo valga per gli uomini.

Dio è sempre entrambe le cose insieme: è personale e contemporaneamente sovrapersonale. Anche la teologia cristiana dice che tutti i concetti di Dio devono essere sempre e contemporaneamente affermati e negati. Dio è al di là dei nostri concetti: non è persona, ma non è meno di persona. Hans Küng trae dalla fisica il concetto della complementarità. «Tenendo conto della dimensione sovra-personale», Dio è «un vero Di-Fronte, vicino agli uomini e assolutamente affidabile»[7].

In Gesù, Dio ha assunto un volto personale. In Gesù, Dio diviene percepibile come Tu che mi viene incontro e mi interpella. E questo Tu plasma la mia fede. La fede – così afferma Joseph Ratzinger – è «trovare un "tu" che mi sostiene e che, nell'incompiutezza e nella profonda inappagabilità di ogni incontro umano, mi accorda la promessa di un amore indistruttibile, che non solo aspira all'eternità, ma ce la dona»[8].

[7] IDEM, *Das sogenannte und das wahrhaft Christliche. Brief an einen Kollegen*, in W. JENS (Hrsg.), *Warum ich Christ bin*, Kindler, München 1979, pp. 216-238, qui p. 223.
[8] J. RATZINGER, *Einführung in das Christentum*, cit., p. 53 (*Introduzione al cristianesimo*, cit., p. 72).

La relazione a Gesù Cristo esprime qualcosa di essenziale riguardo alla nostra relazione con Dio. Quando parlo con persone alla ricerca dal punto di vista spirituale, le sento parlare di un Dio impersonale e percepire questo modo di vedere come soddisfacente. Ma così spesso occultano solo la loro mancanza di relazioni. Dato che sono incapaci di relazioni davvero personali, hanno bisogno di un'immagine di Dio che esclude o scavalca la relazione. Parlano dell'essere uno con il divino. Questo a loro basta, ma non si aprono per incontrare davvero un altro.

Anche per noi cristiani il diventare uno con Dio è il traguardo ultimo, ma è un diventare uno personale, un diventare uno con un «tu», è la realizzazione del nostro desiderio più profondo di amore.

L'immagine di Dio, per me, ha sempre a che vedere con l'immagine di sé. Se noi cristiani consideriamo la nostra relazione a Gesù come essenza della nostra fede, allora questa relazione esprime anche qualcosa della nostra immagine di uomo.

L'immagine di uomo del cristianesimo è influenzata dall'idea dell'essere persona. E dell'essere persona fa parte in modo essenziale l'incontro. «Io divento nel tu»[9], così il filosofo ebreo Martin Buber descrive lo sviluppo della

[9] Cfr. M. BUBER, *Das dialogische Prinzip*, L. Schneider, Heidelberg 1962 (*Il principio dialogico e altri saggi*, trad. it. di A.M. Pastore, San Paolo, Cinisello Balsamo 2004).

persona che avviene nell'incontro. Buber si riferisce non solo al tu di un altro uomo, ma anche al tu di Dio.

Naturalmente noi cristiani non possiamo affermare di noi stessi di essere capaci di relazioni più degli altri. La fede da sola non rende l'uomo capace di una relazione personale agli altri uomini o a Dio, ma la fede cristiana è una sfida a scoprire il mistero del nostro essere persona e a diventare capaci di incontrarci reciprocamente in modo sincero, e di incontrarci in modo da uscire trasformati dall'incontro.

L'importanza conferita alla personalità di Dio, che troviamo già nelle parole di Gesù, è estremamente attuale secondo il teologo politico Johann Baptist Metz. Metz osserva che nella nostra società si diffonde una religione senza Dio: «Vediamo infatti che prende piede un rinnovato desiderio di religiosità, o più cautamente di miti: inizialmente tra le cerchie di intellettuali, ma anche tra manager e dipendenti che dopo aver lavorato tutto il giorno in collegamento elettronico alla sera danno sfogo alle fantasie davanti a dei computer senza volto. La religione intesa come mito compensatorio del tempo libero»[10].

In questo tipo di religione, Metz sente la mancanza della spinta a plasmare il mondo. E sente la mancanza della fun-

---

[10] J.B. METZ - T.R. PETERS, *Gottespassion: zur Ordensexistenz heute*, Herder, Freiburg i.B. 1991, p. 23 (*Passione per Dio: vivere da religiosi oggi*, trad. it. di D. Pezzetta, Queriniana, Brescia 1992, pp. 21s).

zione di critica della società che è propria della religione: nei miti moderni Metz vede la religione solo come «mitico incantamento dell'anima, come presunzione psicologico-estetica d'innocenza per chi ha risolto ogni inquietudine escatologica nel sogno del ritorno dell'identico o anche, più vicino alle posizioni religiose, nelle rinnovate fantasie sulla trasmigrazione delle anime e reincarnazione»[11]. Al contrario, Metz punta a tenere aperta la questione del Dio totalmente Altro, del Dio scandaloso, che ci ha parlato in Gesù Cristo e ci ha sempre sostenuti, e non solo nei nostri tentativi di tranquillizzare noi stessi. Viene evidenziato qui un aspetto importante del discorso cristiano su Dio. Non possiamo appropriarci di Dio per ottenere «l'appagamento eludendo la sofferenza e la tristezza»[12].

Dio ci viene incontro. In Gesù ci ricorda di continuo i deboli e i sofferenti. In quanto cristiani dobbiamo testimoniare Dio nel nostro mondo come il totalmente Altro, che ci sta di fronte e ci mette in questione. Qui viene discusso un aspetto essenziale della nostra fede cristiana. Fede non significa solo che ci «si abbandoni alla silenziosa profondità dell'essere»[13], ma rispondere al Dio che parla e plasmare questo mondo nello spirito di Gesù. Joseph Ratzinger vede nella tendenza attuale

---

[11] *Ivi*, p. 24 (*Passione per Dio*, cit., p. 22).
[12] *Ibidem* (*Passione per Dio*, cit., p. 22).
[13] J. RATZINGER, *Die Vielfalt der Religionen und der eine Bund*, cit., p. 104 (*La Chiesa, Israele e le religioni del mondo*, cit., p. 63).

che sottolinea solo la mistica il pericolo che il mondo, e con esso la storia, diventi «a-teo, privo di Dio». «La salvezza si trova al di fuori del mondo; per operare in esso non ci viene data altra indicazione al di fuori della forza che si può accrescere ritirandosi regolarmente nella dimensione spirituale»[14].

Nel buddhismo il punto centrale è l'estinzione del proprio io, perché l'io è la causa di ogni sofferenza. Questa dottrina trova un parallelismo anche nella richiesta di Gesù di negare se stessi. Quando la mistica parla della morte dell'io, sembra corrispondere alla richiesta buddhista di estinguere l'io. Ma la liberazione dell'io, che vorrebbe appropriarsi di ogni cosa, non significa certo estinguere l'io.

Carl Gustav Jung, lo psicoanalista svizzero che cerca di interpretare la dottrina cristiana in senso psicologico, parla dell'io e del sé. L'*io* vuole possedere tutto. Nella prima parte della sua vita l'uomo deve sviluppare un io forte per poi lasciarlo andare nella seconda parte. Lo scopo del lasciare andare è scoprire il *sé*, l'essenza più intima dell'uomo, in cui contemporaneamente si esprime Dio stesso. Per Jung l'incarnazione significa diventare sé. Ciascuno dovrebbe diventare quell'uomo unico, così come lo ha creato Dio.

---

[14] *Ivi*, p. 105 (*La Chiesa, Israele e le religioni del mondo*, cit., p. 64).

Qui sta la differenza con la dottrina buddhista secondo la quale dobbiamo estinguere il nostro io per riconoscere che tutto è coscienza, che in realtà non c'è nessun io, nessun essere umano singolo. Scopo della via buddhista è essere uno con tutto ciò che è. Sperimento questo essere uno, quando rinuncio al mio io. L'io è un'illusione.

Noi cristiani consideriamo la questione in modo diverso. Chi rinuncia al proprio io, si disgrega come persona. E spesso coloro che fraintendono la via dell'estinzione dell'io si ammalano anche dal punto di vista psicologico. Evidentemente anche i buddhisti la interpretano in modo diverso, perché non si ammalano percorrendo questa strada. Anche per noi cristiani vale il principio: l'uomo deve diventare uno con Dio, ma il diventare uno si realizza secondo le categorie dell'incontro. Le persone si incontrano e diventano uno nella reciprocità, ma continuano a rimanere persone. Non si mescolano e non si fondono. L'uomo non scompare in Dio, ma la vita divina lo appaga. Sperimenta per un attimo una vicinanza che sembra sciogliere ogni duplicità. Due persone, che si incontrano davvero, fanno esperienza di qualcosa che le sopravanza. Nell'incontro con Dio sperimentiamo un'«estasi», che ci fa uscire da noi stessi e ci conduce a un'unità, che si lascia alle spalle il comprendere.

La struttura personalistica di ciò che è propriamente cristiano si esprime anche nella comunità della Chiesa.

L'evangelista Luca descrive la Chiesa primitiva come un circolo di amici, analogamente ai circoli di amici abituali fra i filosofi greci. La comunità dei discepoli è il luogo in cui i cristiani incontrano Cristo e si lasciano afferrare dal suo Spirito. Per questo del cristianesimo è parte essenziale anche la Chiesa. «La moltitudine di coloro che avevano abbracciato la fede aveva un cuore solo e un'anima sola» (At 4,32). Così Luca descrive in modo un po' idealizzante la Chiesa primitiva negli Atti degli Apostoli da lui redatti. Nella comunità i cristiani sperimentavano la vicinanza di Gesù. Lì facevano esperienza del regno di Dio giunto sulla terra.

Al giorno d'oggi spesso soffriamo a causa della Chiesa. Ma quando veniamo colpiti da una grande sofferenza, allora anche a noi fa bene immergerci in una comunità che ci accoglie e ci sostiene nella sua preghiera e nella sua liturgia. Da bambino ho vissuto il cristianesimo in famiglia e in parrocchia. Lì mi sentivo sostenuto da persone che credevano in Gesù Cristo e si raccoglievano intorno a lui. In parrocchia, nella liturgia comune e nel vivere la reciprocità, ho respirato lo Spirito di Gesù.

Anche oggi le persone aspirano a non rimanere da sole con il loro dolore, ma a potersi immergere in una comunità. Desiderano una comunità che sostenga, che non giudichi, in cui si possa essere se stessi con tutto quello che si porta con sé e si possa godere della forza terapeutica e amorevole di Gesù Cristo, intorno a cui si raduna la comunità dei credenti.

Fra molte persone osservo anche un altro desiderio intenso: il desiderio di fare esperienza di Dio. Contemporaneamente le sento lamentarsi che Dio è molto lontano, è così astratto. In Gesù, Dio ci viene incontro in modo visibile. In Gesù possiamo fare esperienza di Dio attraverso i nostri sensi. Nei racconti della Bibbia si rivela un'immagine di Cristo. E nella Chiesa possiamo vedere immagini di Cristo.

Nel volto di Gesù possiamo vedere il volto di Dio. Non possiamo vedere Dio direttamente, perché si sottrae di continuo a noi. Anche nel volto di Gesù non possiamo vedere Dio in modo immediato, ma in lui si rivela per noi l'immagine di Dio. E abbiamo le parole di Gesù.

Quando medito sulle parole di Gesù, comprendo chi sia davvero Dio e come si comporti nei miei confronti. Le parole di Gesù mi stanno di fronte: qualche volta non le capisco, mi rimangono estranee. Ma confrontandomi intensamente con loro, intuisco chi sia Dio. Gesù parla di Dio in modo autentico. Nelle sue parole, Dio diventa concreto per me.

Per i cristiani, la relazione a Dio non è separabile da Gesù. Gesù è l'accesso permanente al Padre. «Chi ha visto me, ha visto il Padre» (Gv 14,9), dice Gesù a Filippo. E il diventare uno con Dio passa sempre per Gesù Cristo: «Io sono nel Padre, voi in me e io in voi» (Gv 14,20).

Per i cristiani l'esperienza di Dio rimane legata alla persona di Gesù. Anche quando nel cristianesimo – come in ogni altra religione – il traguardo è Dio stesso, la via passa per Gesù, il Figlio di Dio fatto uomo. In Gesù diviene visibile la gloria di Dio: «Dio nessuno l'ha visto mai. L'Unigenito Dio, che è nel seno del Padre, egli lo ha rivelato» (Gv 1,18).

Quando parlo di Gesù come del centro della nostra fede, vengo immediatamente interpellato sulle difficoltà che si hanno rispetto a una relazione personale con Gesù Cristo. Alcuni hanno sperimentato nel passato una relazione stretta a Gesù. Hanno provato il modo in cui, in ogni situazione della vita, possono sentire che Gesù è vicino, come colui che li accompagna, che fa loro coraggio, che li risolleva con la sua Parola e riempie il loro vuoto attraverso il suo amore. Ma ora si lamentano di non sentire più la vicinanza a Gesù. Hanno perso la relazione personale con lui. Altri hanno difficoltà a stabilire una relazione personale con Gesù. Per loro è Dio il traguardo della vita. Troppo spesso Gesù si presenta loro come il rabbi ebreo, estraneo e incomprensibile. Le sue parole rimangono per loro inaccessibili.

La nostra relazione a Gesù Cristo attraversa stadi diversi: ci sono periodi di vicinanza personale, poi epoche di distanza. Tempi, in cui Gesù affascina e tempi in cui ci provoca. Tempi in cui lo comprendiamo e tempi in cui si chiude a noi. Non dovremmo metterci sotto pressione, dal punto di vista della prestazione, dell'esperienza o dell'emotività, pretendendo di voler o dover avere sempre una relazione a Gesù. Ma certamente fa parte dell'essenza della nostra fede avere sempre a che fare con Gesù, meditare le sue parole, contemplare le sue opere e lasciarle agire in noi.

Alcuni gruppi carismatici vedono in Gesù l'aiuto in ogni situazione della vita, la soluzione per ogni problema. Qualche volta mi sembra una posizione troppo ingenua. Gesù diventa un «mago», che elimina per me tutte le difficoltà. Tuttavia, in queste rappresentazioni si nasconde un desiderio forte e profondo: come posso affrontare meglio la mia vita concreta, con i suoi problemi e conflitti? Come fa Gesù ad aiutarmi a vivere la quotidianità, ad affrontare le mie paure, a superare il mio vuoto e a liberarmi dai miei umori depressivi?

Vorrei solo portare l'esempio di una situazione concreta per mostrare come la relazione a Gesù Cristo mi aiuti ad affrontare la quotidianità. Della mia vita quotidiana di cellerario – o economo – dell'abbazia di Münsterschwarzach fanno parte arrabbiature e delusioni causate da incarichi non svolti, dalle difficoltà di giungere a un risultato ragionevole durante le discussioni, da collaboratori dalla mentalità ristretta. Se non sto attento, queste emozioni si depositano dentro di me e provocano amarezza e durezza.

Ma ho anche la possibilità di offrire a Dio queste emozioni e di immaginare che la luce e l'amore di Dio si riversino in questi sentimenti e li trasformino. Si tratta sicuramente di una via utile. Nel mio caso, la cosa migliore è ammettere questi sentimenti, nel momento in cui sono seduto davanti alla mia icona di Cristo e medito. Allora guardo a Gesù Cristo e lascio penetrare la misericordia di Dio nel mio cuore attraverso la preghiera a Gesù («Signore Gesù Cristo, Figlio di Dio, abbi pietà di me»). In quel momento sento di non poter rimanere aggrappato alle mie emozioni.

Non è semplicemente l'amore di Dio che fluisce in ogni fibra del mio corpo e della mia anima, ma è l'amore concreto di Gesù Cristo che mi viene incontro nella Bibbia in modo molto evidente – nelle sue parole e nella tenerezza del suo modo di toccarci, ma soprattutto nel suo sacrificio in croce –. Quando mi immagino quanto dovesse essere deluso degli uomini Gesù in croce, quanto fosse esposto all'odio dei suoi avversari, quando penso che non è morto nell'amarezza, ma nell'amore che perdona, allora si allontanano da me tutti i pensieri e i sentimenti di amarezza e di condanna. Allora sperimento l'effetto terapeutico della relazione a Gesù, ma anche la sfida di affrontare in modo diverso i conflitti quotidiani.

Sono affascinato dai cristiani che avevano e hanno una relazione davvero personale a Gesù. Uno di loro è san

Francesco. Ha aperto il cuore alla persona di Gesù ed è stato così colmato dal suo Spirito da venire considerato un secondo Cristo.

Quando prendo in considerazione la mia relazione a Gesù, non mi arrendo alla pressione emotiva di dover avvertire la presenza di Gesù sempre e comunque. Ma mi fa bene osservare questo Gesù: il modo in cui guarisce i malati, o interpella e risolleva le persone affrante. Gli evangelisti mi mettono davanti agli occhi un'immagine di questo Gesù. La posso osservare. E non potrò mai dire di aver compreso del tutto Gesù.

Contemporaneamente, sono consapevole del pericolo di volermi appropriare di Gesù. Per questo è importante sopportare anche quello che è ingombrante e incomprensibile in Gesù. Quando mi metto a meditare le parole inizialmente incomprensibili di Gesù e le sue reazioni qualche volta brusche, allora mi si presenta un Gesù del tutto diverso: un Gesù che si sottrae continuamente alla mia presa, che mi sta di fronte come il totalmente Altro – ma sempre in modo personale – e mi guarda, perché io mi lasci aprire da lui all'incomprensibile amore di Dio.

Alcuni cristiani pregano Gesù Cristo. Altri non sanno proprio che cosa farsene. Nella sua forma classica, la preghiera della liturgia cristiana si rivolge a Dio. Dio è il traguardo della nostra vita. A lui ci rivolgiamo nella preghiera.

Ma noi preghiamo mediante Gesù Cristo nello Spirito Santo. Gesù ha trasformato la nostra immagine di Dio. Nella preghiera siamo già accolti nella vita del Dio trinitario. Partecipiamo alla preghiera di Gesù verso il Padre, dalla sua intimità e confidenza con Dio. E siamo colmati di Spirito Santo. Nello Spirito di Gesù che abbiamo accolto gridiamo: «Abba, Padre!» (Rm 8,15).

Paolo ha sperimentato questa forma nuova della preghiera cristiana, quando scrive ai Romani: «Noi non sappiamo che cosa dobbiamo chiedere convenientemente, ma è lo Spirito stesso che prega per noi con gemiti inespressi» (Rm 8,26). Qui Paolo parla di una preghiera mistica: una preghiera senza parole, una preghiera in cui siamo già immersi in Dio. Il nostro cuore batte con il cuore di Gesù ed è colmo di Spirito Santo. Quindi, la nostra preghiera non è solo dialogo con Dio, ma piuttosto nel dialogo veniamo attirati nell'interiorità di Dio, nello scambio fra il Padre e il Figlio e lo Spirito Santo. A questo scambio intimo prendiamo parte noi cristiani con la preghiera.

2

L'INCARNAZIONE DI DIO

Molte persone alla ricerca dal punto di vista spirituale vedono in Gesù un uomo illuminato, come Buddha: un uomo pervaso del tutto da Dio e chiaroveggente nel suo cammino verso Dio. Quindi, Gesù viene messo sullo stesso piano di altri fondatori di religione, come Buddha, Maometto, Confucio o Lao-tze.

Ma noi cristiani professiamo che Gesù è il Figlio di Dio. E con questo vogliamo esprimere qualcosa di diverso da quando diciamo che i cristiani sono figli e figlie di Dio, o che tutti noi – per esprimerci come i nativi americani – siamo figli del sole.

Gli esegeti dibattono sul modo in cui Gesù ha compreso se stesso e sull'interpretazione del titolo «Figlio di Dio». Nella tradizione ebraica la parola figlio è sempre un concetto relazionale. Figlio di Dio significa, quindi, che Gesù ha una relazione particolare con Dio e che gli è particolarmente legato. La filosofia stoica riconosce a ogni uomo la dignità della figliolanza divina. Luca anticipa la figliolanza divina già alla nascita e la interpreta in modo analogo al mondo greco-ellenistico. Sulla scia di Luca, i concili della Chiesa primitiva hanno espresso il concetto della figliolanza divina di Gesù con le categorie dell'affinità di essenza e della provenienza da Dio. Alcuni teologi ritengono che questa posizione rappresenti una falsificazione della concezione biblica di Gesù come Figlio di Dio, ma a mio parere si tratta dello sviluppo di quello che viene detto di Gesù nella Bibbia. Tuttavia, dobbiamo sempre mantenere la tensione fra la concezione biblica e quella dogmatica, che è stata sviluppata a partire dalla filosofia greca. Solo se accettiamo questa tensione saremo aperti al mistero della figliolanza divina di Gesù, figliolanza che in ultima analisi rimane sempre un mistero e supera la nostra comprensione umana.

Dobbiamo sempre guardarci da affermazioni come: «Figlio di Dio non significa nient'altro che... Gesù è il Figlio di Dio come lo siamo tutti noi». La teologia cristiana insiste che Gesù è Figlio di Dio per essenza e noi lo siamo solo per partecipazione. E insiste sull'affermazione dogmatica, non per costringere Gesù in concetti umani, ma per aprire i nostri occhi al mistero inesprimibile della sua persona.

Non arriveremo mai a comprendere fino in fondo il mistero della figliolanza divina di Gesù. E ci sono sicuramente diversi schemi interpretativi per comprendere Gesù come Figlio di Dio. Ma non possiamo ignorare che Dio si esprima in modo unico o – come dice Karl Rahner[1] – che Dio stesso abbia comunicato se stesso all'uomo in modo assoluto.

Così formula Hans Küng la sua professione di fede in Gesù come Figlio di Dio: «Possa io rimanere aggrappato, credendo, all'unicità, indeducibilità e ineguagliabilità della chiamata, dell'offerta e della pretesa espressa ad alta voce in Gesù, e quindi della sua persona»[2].

Joseph Ratzinger distingue nel Nuovo Testamento il concetto «Figlio di Dio» dal semplice «Figlio», come Gesù si definisce spesso nel vangelo secondo Giovanni. «Figlio di Dio» proviene dalla teologia regale dell'Antico Testamento, e il concetto viene applicato all'imperatore Augusto. Gesù è re proprio in croce. In quanto re, è anche servo, che si sacrifica per noi. Il semplice concetto di «Figlio» esprime la stretta relazione di Gesù con il Padre, relazione che viene espressa nel modo più evidente nell'appellativo di «Abbà, caro papà» usato nella preghiera. La relazione di Gesù a Dio è certamente unica, ma non esclusiva. Gesù vorrebbe piuttosto prendere con sé anche noi nella sua esperienza di preghiera, in modo che anche noi possiamo sentirci davvero figli e figlie di Dio[3]. Nel vangelo secondo

[1] K. RAHNER, *Christentum*, s.v., in K. RAHNER e.a. (Hrsg), *Sacramentum mundi: theologisches Lexikon für die Praxis*, Bd. 1, Herder, Freiburg i.B. 1967, pp. 720-744, qui pp. 732s (*Cristianesimo*, s.v., in *Sacramentum mundi: enciclopedia teologica*, vol. II, Morcelliana, Brescia 1974, coll. 706-734, qui col. 718).

[2] H. KÜNG, *Das sogenannte und das wahrhaft Christliche*, cit., qui pp. 231s.

[3] Cfr. J. RATZINGER, *Einführung in das Christentum*, cit., qui pp. 174-181 (*Introduzione al cristianesimo*, cit., pp. 206-218).

Giovanni «Figlio» descrive l'«identità di opera ed essere, di azione e persona». «Egli è tutto Figlio, Verbo, missione; il suo fare arriva fino al fondo dell'essere, è una cosa sola con lui. Ed è precisamente in questa unità di essere e fare che sta la sua peculiarità»[4].

Nella confessione di fede in *Gesù come Figlio di Dio* emerge un aspetto essenziale della nostra fede. Decisivo in Gesù è che non era solo un uomo, che si è aperto a Dio mediante la meditazione o l'ascesi, ma piuttosto che già la Bibbia e più tardi i Padri della Chiesa interpretano il movimento in modo diverso: non dall'uomo a Dio, ma da Dio all'uomo. Dio è diventato uomo. Dio stesso è venuto sulla terra.

Anche di questa interpretazione esistono modelli precedenti. Anche gli dèi greci, per esempio, fanno visita agli uomini, per fare loro dei regali. Luca, che tiene in gran conto il modo di pensare greco, dice che Dio ci ha fatto visita in Gesù Cristo. Ma Gesù non ci ha fatto visita come gli dèi greci, che si limitavano a scendere per breve tempo fra gli uomini. Dio è diventato uomo in Gesù Cristo. Si è espresso in questo uomo e in questo uomo si è legato per sempre all'umanità.

Anche nell'ebraismo Dio è un Dio che scende sulla terra

---

[4] *Ivi*, p. 182 (*Introduzione al cristianesimo*, cit., p. 216).

per aiutare gli uomini. A Mosè Dio dice nel roveto ardente: «Voglio scendere a liberarlo dalla mano dell'Egitto» (Es 3,8). Il Dio d'Israele si preoccupa per il suo popolo. Lo vuole liberare e redimere.

Ma con Gesù questa discesa assume un'altra dimensione. Il messaggio del Natale ci dice: Dio si è fatto carne, ha assunto la nostra carne mortale. Si è fatto bambino: indifeso e impotente. Dio ha assunto la natura umana con tutte le conseguenze. In Gesù non è apparso come il Dio onnipotente, che incute paura a tutti, ma come un uomo vulnerabile, un uomo che si trova coinvolto negli intrighi della politica e muore in croce in modo orribile. Dio ha assunto l'esistenza umana fino alla morte, addirittura fino alla morte violenta. Giovanni esprime questo concetto con l'affermazione incisiva: «Il Verbo si fece carne» (Gv 1,14).

Dio ha assunto la nostra carne. Si è «incarnato». Ci viene incontro nella nostra carne. Ha assunto ogni aspetto e stadio dell'essere uomo: l'infanzia indifesa, l'adolescenza ribelle, l'età adulta. Ha attraversato tutte le esperienze che noi dobbiamo fare, per santificarle e redimerle.

L'incarnazione di Dio in Gesù Cristo non solo esprime qualcosa di essenziale riguardo a Gesù Cristo, ma anche riguardo a Dio. Qui ci viene incontro un'altra immagine di Dio: Dio non è solo colui che si trova lontano, ma anche colui che ci sta vicino. È diventato solidale con noi. Ha «lasciato il cielo» ed è sceso fra di noi.

Alcuni teologici parlano di un Dio «che si è abbassato» nel duplice senso della parola: Dio si è abbassato a noi, per esserci più vicino e perché noi possiamo incontrarlo. Ma si è abbassato anche facendosi uomo mortale, debole, un uomo di cui il profeta dice: «Non aveva figura né splendore per attirare i nostri sguardi, né prestanza, sì da poterlo apprezzare. Disprezzato, ripudiato dagli uomini, uomo dei dolori, conoscitore della sofferenza» (Is 53,2b-3a).

Riferendosi ai propri imperatori, i Romani sostenevano che gli dèi li portassero in cielo in punto di morte e li facessero diventare dèi, loro stessi. Rispetto a questo movimento dal basso all'alto il cristianesimo impone il movimento *dall'alto al basso*. Dio scende dal cielo sulla terra. Si tratta di un capovolgimento del punto di vista religioso dei Romani e dei Greci.

Luca descrive intenzionalmente la nascita di Gesù come contrappunto alla deificazione degli imperatori romani descritta nelle ecloghe di Virgilio in riferimento ad Augusto e nelle poesie pastorali di Calpurnio Siculo in riferimento a Nerone. In Gesù si realizza l'aspirazione a una nuova epoca. Dio stesso scende in forma di bambino e si fa piccolo. In questo modo vengono capovolti i criteri applicati agli imperatori romani. Così si realizza quello che Maria canta nel *Magnificat*: «Ha rovesciato i potenti dai troni e innalzato gli umili. Ha ricolmato di beni gli affamati e rimandato i ricchi a mani vuote» (Lc 1,52-53).

Nel modo in cui Luca descrive la nascita di Gesù con un occhio alla divinizzazione degli imperatori romani, il vangelo mostra «un pensiero altamente sovversivo e pericoloso»[5]. Luca ha visto nell'essenza del cristianesimo il compimento delle aspirazioni e dei desideri umani, che si trovavano nei racconti dell'infanzia dei grandi uomini e nelle *Bucoliche* di Virgilio. Dall'altro lato, ha distinto in modo consapevole la dimensione cristiana dalle rappresentazioni religiose diffuse all'epoca a Roma e Atene. In Gesù Dio stesso scende e nasce come un bambino. Si tratta di una cosa inaudita, che davvero butta all'aria tutti i criteri umani e religiosi.

Se ci viene chiesto, in quanto cristiani, che cosa significhi per noi che Gesù è Figlio di Dio e l'incarnazione di Dio, allora non basta ripetere le affermazioni dogmatiche.

Che Gesù è il Figlio di Dio, è e rimane un mistero, che non si può semplicemente aggirare dicendo che in Gesù si vede un uomo pieno di qualità, in cui Dio è presente in modo particolare. Dio si è fatto uomo. Questo fatto rimane un pungolo anche per il nostro pensiero. E non possiamo manipolare questo mistero in modo che non rappresenti più niente di speciale. Il mistero non è solo una metafora della nostra umanità, che è sempre in Dio. È anche

---

[5] H.J. KLAUCK, *Anknüpfung und Widerspruch. Das frühe Christentum und die multireligiöse Welt der Antike*, Katholische Akademie, München 2002, p.

una verità davanti alla quale il nostro intelletto capitola. Certamente si sono fatti molti tentativi di comprendere il mistero dell'incarnazione di Dio in Gesù. Nella Bibbia stessa, soprattutto nei vangeli secondo Marco e secondo Luca, si trova piuttosto una «cristologia dal basso»: questi vangeli delineano per noi la vita di Gesù come vita di un uomo. Marco lo mostra nella sua umanità, con i suoi bisogni e le sue emozioni. Luca ci descrive Gesù come l'uomo veramente giusto, esempio vivente del vero essere uomo. Ma entrambi continuano a vedere in questo uomo anche il Figlio di Dio.

Nel prologo del vangelo, Giovanni interpreta il movimento già in modo diverso: la Parola si fa carne, ma carne debole. In quest'uomo vediamo la gloria di Dio. Si potrebbe dire: qui si delinea già una «cristologia dall'alto», così come l'hanno descritta soprattutto i Padri greci della Chiesa. Per loro l'essenza del cristianesimo era che Dio si è fatto uomo per colmarci con la vita divina. Gesù è Figlio di Dio per essenza, noi lo siamo per partecipazione. In Giovanni la dimensione umana non è semplicemente assorbita da quella divina. Piuttosto, la gloria di Dio si mostra proprio *in* questa carne debole. Gesù è del tutto uomo e contemporaneamente il luogo in cui risplende e diventa visibile per noi lo splendore di Dio.

L'incarnazione di Dio ci rivela qualcosa di essenziale di Dio, e di noi uomini e della nostra relazione con il mondo. L'assunzione della carne umana da parte di Dio ha modificato la nostra immagine di uomo.

La Chiesa primitiva ha dibattuto con passione intorno alla questione dell'incarnazione di Dio non per motivi puramente teoretici, ma perché da questo dipende l'interpretazione della nostra esistenza umana. I teologi dell'epoca hanno compreso che la giusta interpretazione dell'incarnazione di Dio va di pari passo con l'essenza della nostra esperienza cristiana.

Una dottrina è importante solo se riusciamo a viverla. Per i primi cristiani la dottrina dell'incarnazione di Dio è una buona novella, perché afferma che siamo toccati da Dio nel nostro intimo. Dio è divenuto uno di noi e in questo modo ha innalzato e benedetto l'intero genere umano.

L'incarnazione di Dio significa una rivoluzione nel modo umano di guardare a Dio: Dio non è solo colui che è lontano, ma si è mostrato in Gesù. È divenuto visibile, sperimentabile. Si è legato a noi uomini. Ora ci viene incontro «alla nostra altezza». Posso riconoscerlo nel volto dell'uomo. Dio è sceso sulla terra per salvare ogni cosa sulla terra. Questo aspetto ha continuato ad affascinare i Padri greci della Chiesa. Il mondo è cambiato, perché ora Dio è nel mondo. Diviene visibile e sperimentabile in ogni cosa. Dio è entrato nella storia umana in Gesù – e in particolare anche nella storia di sofferenza. Ha sperimentato la sofferenza umana sul proprio corpo. È divenuto capace di soffrire.

Che Dio stesso *soffra* in Gesù Cristo è un modo rivoluzionario di vedere Dio, un modo che ci distingue dalle immagini di Dio delle altre religioni. Dio non è inavvicinabile e lontano, non è colui che è incapace di soffrire – come lo descrivono i Greci. Ma piuttosto è divenuto uomo e ha sperimentato lui stesso la sofferenza umana fino in fondo.

Proprio questa era per Dietrich Bonhoeffer l'essenza del cristianesimo: «I cristiani stanno vicino a Dio nella sua sofferenza: questo distingue i cristiani dai pagani. "Non potete vegliare con me un'ora?", chiede Gesù nel Getsemani. Questo è il rovesciamento di tutto ciò che l'uomo religioso si aspetta da Dio. L'uomo è chiamato a condividere la sofferenza di Dio soffrendo in rapporto al mondo senza Dio»[6].

A partire dall'incarnazione, Dio ci viene incontro in ogni volto umano. E ci viene incontro proprio negli indifesi e nei poveri. Anche questa è una rivoluzione dell'immagine di Dio. Dio non si trova da qualche parte in cielo, avulso da tutto. Ci è venuto molto vicino. E Dio non è privo di emozioni, ma piuttosto colui che è entrato nella nostra umanità

---

[6] D. BONHOEFFER, *Widerstand und Ergebung: Briefe und Aufzeichunungen aus der Haft*, hrsg. von E. Bethge, Kaiser, München 1966, Brief an E. Bethge, 18.07.1944, p. 244 (*Resistenza e resa: lettere e scritti dal carcere*, trad. it. di A. Gallas, San Paolo, Cinisello Balsamo 1996, lettera a E. Bethge, 18.07.1944, p. 441).

e che ha vissuto sul proprio corpo tutti i sentimenti umani.

Tutto in noi è stato toccato e trasformato da Dio. E, quindi, tutto è diventato un luogo in cui fare esperienza di Dio. Dio ci viene incontro nella carne. Non possiamo ignorare il nostro corpo, perché in esso incontriamo Dio. Non possiamo disprezzare il mondo, perché nel mondo, nella materia, nelle cose e nelle immagini di questo mondo possiamo vedere e toccare Dio.

L'esperienza cristiana di Dio ha sempre qualcosa di sensuale e carnale. Questo distingue noi cristiani dalle altre religioni, anche se nel corso della storia della Chiesa il corpo è stato spesso trascurato e demonizzato. Per sua essenza, il cristianesimo è legato al corpo, perché Dio ha assunto la carne in Gesù.

Questo significa anche che tutte le immagini umane sono importanti, perché in esse vediamo qualcosa di Dio. Il cristianesimo ha eliminato il divieto delle immagini dell'ebraismo e dell'islam, perché Dio è divenuto visibile in Gesù Cristo. Gesù è la vera immagine del Padre. E con Gesù tutte le immagini umane hanno ricevuto nuova dignità. Rispecchiano qualcosa della bellezza di Dio.

Ma in questa prospettiva si trasforma completamente anche l'immagine che abbiamo di noi stessi. Non siamo abbandonati a noi stessi e non dobbiamo aprirci a Dio mediante «tecniche» di meditazione. Al contrario, in Gesù Cristo Dio ci ha colmato con la sua vita divina.

I Padri della Chiesa formulano questo concetto in modo paradossale: Dio si fa uomo, perché l'uomo venga «divinizzato». Non siamo abbandonati a noi stessi. La vita di Dio è in noi. Non dobbiamo idolatrarci o comportarci come gli dèi. Possiamo rimanere del tutto uomini, senza metterci sul piedistallo della venerazione divina, perché Dio è sceso fra di noi, per compenetrarci con la sua vita divina. E la vita divina non ci esime dal nostro essere umani, ma ci rende capaci di diventare uomini completi, diventare cioè quegli uomini che Dio originariamente ha pensato.

Hans Küng si domanda se al giorno d'oggi gli uomini aspirino davvero a venire divinizzati[7]. Vorrebbero diventare uomini completi. Il cristianesimo ci mostra la via verso il diventare uomo. Diventeremo uomini completi, quando ci apriremo a Dio, il mistero incomprensibile, e quando non ci estranieremo dal nostro nucleo più intimo, che in ultima analisi viene da lui. Per lo psicologo svizzero Carl Gustav Jung il diventare sé degli uomini avviene solo quando ammettono l'immagine di Dio dentro di sé, quando hanno accesso al numinoso, al divino.

Nell'uomo osservo entrambe le aspirazioni: il desiderio profondo di diventare un uomo vero, ma contemporaneamente anche l'aspirazione a non venire lasciato da solo con i propri pensieri e sentimenti, bensì a scoprire in sé un altro

---

[7] H. Küng, *Christ sein*, cit., pp. 239s (*Essere cristiani*, cit., pp. 274s).

regno, che non è di questo mondo e che conduce il nostro spirito oltre di noi. È il desiderio di venire divinizzati, che oggi si esprime anche nell'esoterismo o nell'accostarsi al buddhismo.

Nella Bibbia il peccato originale dell'uomo viene interpretato come voler essere pari a Dio, come voler scavalcare la propria umanità. La risposta al peccato originale è l'incarnazione di Dio. Dio stesso si fa uomo, e in questo modo noi veniamo «divinizzati». In tal modo viene esaudito il desiderio più profondo dell'uomo. L'uomo viene introdotto in Dio. La sua finitezza viene compenetrata dall'infinità di Dio, la sua mortalità dall'immortalità di Dio, la sua caducità dall'eternità di Dio. Questo ci fa vivere in modo veramente umano, nella pace e nella gratitudine, nell'apertura e nella limpidezza.

L'evangelista Giovanni interpreta l'incarnazione di Dio come le nozze che Dio ha celebrato con noi uomini, in cui ha trasformato l'«acqua stantia» della nostra esistenza umana nel vino della sua divinità (cfr. Gv 2,1-12). Dio ci ha impregnati con la sua vita divina e in questo modo ha ristabilito la sua gloria in noi.

Le nozze che Dio celebra con noi nell'incarnazione vengono portate a compimento sulla croce. Lì si manifesta con chiarezza che Dio ha assunto tutto ciò che appartiene alla natura umana – persino la morte violenta sulla croce – nella sua essenza divina. Tutto quello che disprezza, uccide, distrugge l'uomo viene eliminato dall'amore di Dio.

Per Giovanni, l'incarnazione di Dio è il mistero centrale: in esso Dio ha compenetrato ogni dimensione dell'umano con il suo Spirito e trasformato tutto quello che ostacola e arresta la vita in un cammino verso la vita vera.

Giovanni interpreta l'incarnazione di Dio non solo come nozze fra Dio e l'uomo, ma anche come purificazione del nostro essere uomini. Lo si comprende nella scena in cui Gesù scaccia dal tempio i commercianti di bestiame e i cambiavalute (cfr. Gv 2,13-22). Quando Gesù viene nella nostra carne, scaccia allora i pensieri rumorosi dei venditori e dei cambiavalute: ci libera dall'obbligo di paragonarci agli altri e di chiederci quale valore ci viene attribuito sul mercato. E purifica il nostro corpo da «buoi», «pecore» e «colombe». Purifica le pulsioni dentro di noi, il nostro trantran quotidiano e i molti pensieri che turbinano in noi.

Se Dio si fa uomo, allora il nostro corpo diviene tempio di Dio. Non siamo più un mercato in cui regna il caos, ma un tempio di Dio: colmo della bellezza e dello splendore di Dio. Questa immagine ci fa fare esperienza del nostro corpo in modo diverso. Non dobbiamo più irrigidirci per tenere sotto controllo il caos interiore. Ci apriamo alla bellezza di Dio divenendo così aperti da far entrare altri dentro in noi e andare loro incontro.

L'incarnazione di Dio ci porta, quindi, a una nuova esperienza del nostro essere uomini. Veniamo impregnati

dell'«aroma» divino e purificati dalla limpidezza di Dio.
Attraverso l'incarnazione, quindi, veniamo a contatto con
il nostro essere originario e incontaminato.

Che Dio diventi uno con l'uomo, secondo la formula
usata da Giovanni con l'immagine delle nozze, si può osservare in modo analogo anche nel buddhismo. Buddha è
risvegliato al divino. L'uomo, che estingue il proprio io,
diviene uno con Dio. Anche l'immagine della purificazione non è estranea al buddhismo e all'induismo.

La stessa aspirazione è presente nel cristianesimo, nel
buddhismo e in tutte le religioni mistiche: l'aspirazione
a diventare uno con Dio, l'aspirazione a venire permeati
dalla vita divina e purificati da ogni macchia di colpa. È
l'aspirazione a superare la fugacità e la caducità umana, a
prendere parte a qualcosa che rimane, che è indistruttibile.

Nel cristianesimo veniamo divinizzati, *perché Dio si
è fatto uomo in Gesù*. Nel buddhismo è l'uomo che percorre la via spirituale a giungere alla divinizzazione. In
questo vi è una differenza essenziale fra le due religioni.
Tuttavia, ci sono senz'altro dei parallelismi. Anche nel
cristianesimo non si può stare con le mani in mano. I
monaci antichi hanno sviluppato percorsi di spiritualità
rivolta all'accoglienza della grazia che Dio ci offre in
Gesù Cristo e nei suoi sacramenti.

Certamente nel cristianesimo è molto più accentuato
l'aspetto della grazia e dell'iniziativa di Dio. Non dobbia-

mo fare tutto da soli. Non dobbiamo «meritarci» Dio. Dio
è sceso fra noi. E in Gesù Cristo Dio offre a noi – colmati
del suo spirito divino – di diventare suoi figli e sue figlie.
Sì, Gesù ci ha promesso che Dio stesso verrà per vivere
in noi. Ma Gesù collega questa venuta di Dio nel nostro
cuore all'amarlo, all'aprirci a lui nell'amore. Nella preghiera e nella meditazione, nella liturgia e nei sacramenti
veniamo attratti nella vita divina. In noi avviene qui e oggi
quello che gli uomini del suo tempo hanno sperimentato
nell'incontrare Gesù.

Se interpretiamo l'incarnazione di Dio in Gesù Cristo
non solo come un dato di fede, ma come una domanda
posta alla nostra vita, che cosa essa significa per il nostro
rapporto quotidiano con noi stessi e con il mondo? Che
cosa significa vivere in modo «incarnato»?

Significa prendere sul serio il mondo, prendere sul serio
la mia carne, il mio corpo e amarlo. Non è sempre facile.
Conosco momenti in cui il mio corpo diventa un peso.
Quando sono malato, quando il mio corpo «sciopera» e
mi impedisce di fare quello che mi sono prefisso, mi pia-
cerebbe davvero scavalcarlo. Ma proprio in quel momento
trattare il corpo in modo amorevole, considerarlo il luogo
in cui incontro Dio rappresenta una conseguenza importante della fede nell'incarnazione di Dio.

Qualche volta penso di essere in completa armonia con
il mio corpo, ma poi una malattia mi fa capire che non

è così. Ciò mette in questione l'immagine che ho di me. La discesa di Dio nella carne dell'uomo significa allora che io stesso scendo nella mia carne. Realizzo l'*et incarnatus est*: lascio scendere il mio spirito nella mia carne e lo lascio abitare lì, perché lì il mio spirito incontra lo Spirito di Dio. Non arrivo vicino a Dio nei voli ad alta quota dello spirito, ma nella sua incarnazione.

Questo mistero viene espresso in modo sublime nella *Messa in do minore* di Wolfgang Amadeus Mozart. Per otto minuti il soprano canta «et incarnatus est». A mio parere si tratta del culmine della musica sacra di Mozart, il momento in cui esprime il mistero dell'incarnazione di Dio.

All'inizio si odono melodie natalizie. Flauto, oboe e fagotto suonano una sorta di «musica da presepio». Il soprano canta in fa maggiore, nella tonalità della gioia serena e della gratitudine interiore – e dell'amore –. Analogamente, nelle *Nozze di Figaro* Susanna canta la sua aria d'amore in fa maggiore. È la «presenza del cielo venuto sulla terra» che spiega l'analogia fra queste due arie. Il soprano canta l'incarnazione di Dio come canto d'amore. In Gesù Cristo l'amore di Dio diviene palpabile per tutti noi.

Ma poi il soprano prende lo slancio verso la coloritura, quando canta il «factus». In questo «factus» si incontrano cielo e terra. Canta il mistero dell'incarnazione, in cui Dio e uomo si toccano e sembrano quasi fondersi. Poi ci sono continue fratture. Un abisso separa Dio e uomo. E si percepisce il modo in cui Mozart canta questo abisso nella sua musica e lo supera di continuo. Dio stesso ha superato l'abisso. Si è fatto uomo.

Il canto dell'«incarnatus est» è per me alta teologia, una teologia fatta non di parole, ma di note, che lasciano riecheggiare l'inesprimibile. Infine, il soprano si interrompe con la nota più alta del «factus». Qui si può sentire l'abissò, al cui superamento Mozart allude solo mediante gli strumenti. Quando il soprano, poi, riprende nella tonalità più bassa, lo fa nella melodia natalizia, nella tenera musica pastorale che, a partire da Arcangelo Corelli e Francesco Manfredini, compositori del barocco italiano, è l'espressione più adeguata del mistero del Natale.

Quando ascolto la meditazione di Mozart sull'incarnazione di Dio, dentro di me sento che gli abissi della mia anima vengono superati dal Dio che si è fatto carne in Gesù Cristo. Posso accettare me stesso nella mia lacerazione e insondabilità, perché lo Spirito di Dio scende anche nella mia carne e accoglie nel suo amore divino tutto quello che è oscuro e soffocante.

L'incarnazione di Dio in Gesù Cristo significa anche che devo prendere sul serio il corpo del fratello e della sorella. Anche in loro incontro Dio. Anche in loro si svela per me il mistero della vita. Non posso percorrere la mia vita spirituale trascurando l'altro. Questo ci ha messo davanti agli occhi Gesù nel discorso sul giudizio finale riportato

dal vangelo secondo Matteo. A partire dal nostro comportamento verso il fratello malato, prigioniero e nudo e verso
la sorella affamata e assetata si comprende se crediamo
davvero in Cristo. Tutto quello che facciamo al nostro
prossimo bisognoso, lo facciamo a Cristo (cfr. Mt 25).

Tutto quello che tocco in questo mondo è pervaso da
Dio. Per questo motivo trovo Dio ovunque. La via verso
Dio passa per il mondo. Questo sì al mondo non significa,
tuttavia, che devo rimanere aggrappato al mondo. Piuttosto, tutto nel mondo rimanda a Dio.

Mentre è in prigione, Dietrich Bonhoeffer scrive che negli ultimi anni ha «imparato a conoscere e a comprendere
sempre più la profondità dell'essere-aldiquà (*Diesseiti-*
gkeit) del cristianesimo; il cristiano non è un *homo reli-*
giosus, ma un uomo semplicemente, così come Gesù – a
differenza certo di Giovanni Battista – era uomo. Intendo
non il piatto e banale essere-aldiquà degli illuminati, degli
indaffarati, degli indolenti o dei lascivi, ma il profondo essere aldiquà che è pieno di disciplina e nel quale è sempre
presente la conoscenza della morte e della risurrezione»[8].

Prendere sul serio l'incarnazione di Dio significa per me
incontrare Cristo nel mondo, vedere Cristo in ogni fratello
e sorella e, quindi, rispettarli nella loro dignità divina, perché in ogni volto umano risplende per me Cristo.

---

[8] D. BONHOEFFER, *Widerstand und Ergebung*, cit., lettera a E. Bethge,
21.07.1944, p. 247 (*Resistenza e resa*, cit., lettera a E. Bethge, 21.07.1944, p. 445).

3

LA MORTE E LA RESURREZIONE
DI GESÙ

Il messaggio centrale del cristianesimo è che Gesù è morto in croce ed è stato resuscitato da Dio. La morte e la risurrezione di Gesù sono la fonte della nostra fede e il dato di fatto fondamentale a cui facciamo riferimento. E questo è stato anche il contenuto particolare di quello che all'epoca gli apostoli hanno annunciato al mondo.

Inizialmente, dopo la morte di Gesù, i suoi discepoli sono rimasti sconvolti. Non capivano perché quel meraviglioso rabbi, che aveva guarito così tanti malati e aveva parlato di Dio in modo così efficace, dovesse morire in croce. La morte di Gesù ha messo in questione la loro fede in lui. Ma l'esperienza della sua risurrezione ha fatto capire loro in modo nuovo il mistero di Gesù come Cristo. E si è trattato di un'esperienza così sconvolgente, che non potevano far altro che uscire ad annunciare a tutto il mondo la buona novella. Hanno messo in conto persecuzione, prigionia, persino la morte. Il motivo addotto:

«Noi infatti non possiamo non parlare di ciò che abbiamo visto e sentito» (At 4,20).

Che l'annuncio della morte e della risurrezione di Gesù abbiano rappresentato il nucleo dell'annuncio dei discepoli ce lo mostra Luca nel discorso di Paolo all'Areopago. Luca conduce qui un dialogo con la filosofia stoica ed epicurea e con la religione dei Greci. Il discorso (At 17,22-33) è l'esempio paradigmatico del modo in cui anche noi oggi possiamo riconoscere gli aspetti positivi nel dialogo con le altre religioni e, tuttavia, annunciare la novità della nostra fede.

Nel discorso, che Luca naturalmente redige dal suo punto di vista di autore formato alla cultura greca, Paolo riconosce tutti gli aspetti positivi di quello che i filosofi greci hanno affermato del mistero dell'uomo. E loda lo zelo spirituale dei Greci, che nella loro città hanno costruito molti templi e altari. Paolo – così come lo vede Luca – si riferisce soprattutto all'altare con la scritta «Al Dio ignoto». Si ricollega a questo: «Quello che voi venerate senza conoscerlo, io vengo ad annunciarlo a voi» (At 17,23).

Probabilmente non c'era in Atene un altare «Al Dio ignoto» al singolare, ma piuttosto «Agli dèi ignoti e stranieri». E si trattava non tanto dell'espressione di una ricerca spirituale, quanto piuttosto del timore di aver dimenticato un dio degli altri popoli e di rischiare di rimanere vittime del suo castigo. E scaturiva dal calcolo politico di intensificare i legami politici con le terre in cui venivano venerati dèi ignoti o estranei ai Greci[1].

Luca non dice: «Chi voi venerate», ma: «Quello che voi venerate». «Luca, quindi, si guarda bene dall'attribuire alla scritta sull'altare un'immagine di Dio dai tratti chiaramente personali. Lì vede un'intuizione dell'anima umana, ma i contenuti essenziali dell'annuncio cristiano non si possono comprendere solo prendendo coscienza delle tradizioni religiose dell'umanità»[2].

Luca loda, qui, la fede dei Greci nel Dio creatore. E loda il loro modo di vedere Dio, modo che non ha bisogno né di un tempio, né di un culto. Dio è al di là di ogni sacrificio e di ogni rito. È privo di bisogni.

Luca, inoltre, fa riferimento alla ricerca spirituale di Dio dei Greci, alla loro aspirazione a conoscere e a comprendere Dio. E riprende anche il concetto stoico secondo cui Dio è con noi e in noi, concetto che Seneca esprime nel modo seguente: «In ogni uomo buono abita un dio». E cita il poeta greco Arato di Soli (III secolo a.C.), che in riferimento a Dio dice: «Di lui, infatti, noi siamo anche stirpe» (At 17,28). Luca parte dalle concezioni della filosofia e della religione greca, ma le interpreta già in senso cristiano. E poi annuncia la dimensione specificamente cristiana: la risurrezione di Gesù e la risurrezione dei morti.

[1] Cfr. H.J. KLAUCK, *Anknüpfung und Widerspruch*, cit., pp. 86s.
[2] *Ivi*, p. 87.

La reazione degli uditori a questo passaggio è molto cauta. Alcuni lo deridono, altri lo accomiatano dicendo che sarà per un'altra volta. Evidentemente il messaggio cristiano non è semplicemente il proseguimento e la conferma della filosofia e della religione greca, ma porta con sé qualcosa di completamente nuovo. Presuppone «un azzardo, una decisione, una rottura con il passato e la disponibilità a muoversi verso l'ignoto»[3].

Con il discorso dell'Areopago, Luca porta a compimento un'operazione eccezionale. Mostra ai lettori cristiani che la loro fede «certamente può essere fondata dal punto di vista razionale, perché trasforma un'intuizione oscura dell'anima umana in una decisione chiara e per farlo si appropria delle migliori tradizioni della critica filosofica della religione. In questo modo consolida il senso di identità delle sue comunità e le aiuta ad affrontare quel percorso minato che va affrontato continuamente nella tensione fra l'aspirazione a stringere legami e a isolarsi, fra inculturazione ed evangelizzazione»[4].

Luca ci mostra anche oggi una via per trattare con le altre religioni e per poter richiamarci in modo positivo alle loro concezioni, senza appiattire il messaggio cristiano. Il dato peculiare del cristianesimo, che manda in frantumi

---

[3] *Ivi*, p. 97.
[4] *Ivi*, p. 100.

l'immagine del mondo propria della filosofia e della religione greca, è per Luca la risurrezione di Gesù.

Come possiamo noi oggi annunciare la risurrezione di Gesù in modo da rendere comprensibile l'essenza del cristianesimo?

Qui prima di tutto viene la buona novella della nostra risurrezione. Non siamo impigliati in una illimitata catena di reincarnazioni, ma, una volta morti, passiamo alla gloria di Dio. Ci attende Cristo stesso, che ci ha preceduto nella morte e che in croce ha rivolto al malfattore alla sua destra la parola di consolazione: «Oggi, sarai con me in paradiso» (Lc 23,43). La nostra vita ha uno scopo. La risurrezione è più dell'immortalità dell'anima annunciata dal filosofo greco Platone. Verremo accolti in corpo e anima nella gloria di Dio, anche se inizialmente questo corpo si decompone, per poi essere trasformato in un corpo celeste, come afferma Paolo nella prima lettera ai Corinzi: «Si semina un corpo naturale, risorge un corpo spirituale» (1Cor 15,44).

Il messaggio della risurrezione di Gesù significa anche qualcos'altro. È la conferma che nella nostra vita non c'è nulla che ci può separare da Dio. Non c'è nessun fallimento che non possa sfociare in un nuovo inizio, nessuna oscurità che non verrà rischiarata, nessuna disperazione che non venga trasformata in fiducia, nessun irrigidimento che non venga frantumato per trasformarsi in una nuova vitalità. La morte e la risurrezione dicono con grande chiarezza che in noi Dio trasformerà tutto, che porterà a nuova vita ciò che c'è di morto in noi. Paolo ha espresso in modo straordinario il mistero della morte e risurrezione di Gesù: «Sono infatti persuaso che né morte né vita, né angeli né potestà, né presente né futuro, né altezze, né profondità, né qualunque altra cosa creata potrà separarci dall'amore che Dio ha per noi in Cristo Gesù nostro Signore» (Rm 8,38-39). Qui, nella vita, possiamo continuamente risorgere dalla tomba della nostra paura, dalla tomba della nostra autocommiserazione, della nostra oscurità e della nostra disperazione.

E la morte e la risurrezione di Gesù ci danno il coraggio di risorgere contro tutto quello che ostacola la vita, quello che trattiene gli uomini nella tomba e li tiene prigionieri. La risurrezione non accade solo in noi, ma anche, attraverso di noi, per gli altri. Ci incoraggia a «batterci per la vita». Per noi cristiani, il luogo in cui possiamo sperimentare in modo sempre nuovo il mistero della morte e della risurrezione che ci avvia alla vita donataci da Gesù Cristo sono i sacramenti.

Se per Luca il contenuto centrale della fede cristiana è la risurrezione, nelle sue lettere Paolo ha posto l'accento sulla croce. Contrappone la croce alla concezione ebraica e greca di Dio e di uomo: «E mentre i Giudei chiedono dei miracoli e i Greci cercano la sapienza, noi predichiamo Cristo crocifisso, scandalo per i Giudei, stoltezza per i pagani; ma per i chiamati, sia Giudei, sia Greci, è Cristo potenza di Dio e sapienza di Dio» (1Cor 1,22-24).

Paolo contrappone la croce all'aspirazione degli ebrei che il Messia convalidi la sua missione con un segno potente, e all'aspirazione dei Greci alla sapienza e alla visione mistica. Nella croce Dio ha stabilito davvero un segno potente della sua opera e così ha esaudito il desiderio degli ebrei in un modo che non si aspettavano. E nel Crocifisso si è manifestata una sapienza più perfetta della sapienza che possiamo mai raggiungere mediante le dispute filosofiche o la conoscenza religiosa delle religioni misteriche.

È la sapienza di Dio, che manda a monte tutti i criteri che abbiamo di Dio e dell'uomo. Paolo annuncia la sapienza che rende l'uomo perfetto, che lo introduce nel mistero della sua incarnazione e nel mistero di Dio. Così scrive Paolo ai Corinzi: «Annunziamo una sapienza divina, avvolta nel mistero, che fu a lungo nascosta, e che Dio ha preordinato prima dei tempi per la nostra gloria» (1Cor 2,7). È lo Spirito di Dio stesso, che ci svela questa sapienza, e con essa le profondità di Dio e le profondità dell'essere uomo (cfr. 1Cor 2,10-11).

A molti non piace che Paolo metta al centro la croce. E tuttavia Paolo in questo modo dice una cosa essenziale. Con la risurrezione, per esempio, anche i buddhisti possono essere d'accordo, ma la croce rimane qualcosa di ingombrante. La croce è e rimane un simbolo essenziale per noi cristiani. Che cosa ci vuole dire oggi?

La croce ci mostra che Dio è diventato capace di soffrire, che Dio stesso ha percorso la strada della passione. I Padri della Chiesa parlano della morte di Dio stesso. In Gesù, Dio ha assaggiato la morte. È penetrato in ciò che è opposto al divino e lo ha vissuto fino in fondo sul proprio corpo. La croce dice che Dio soffre nell'uomo. Si mette alla ricerca dell'uomo e lo cerca proprio dove è più lontano da Dio: sulla croce, il luogo della violenza e dell'ingiustizia più terribile, il luogo della viltà e del potere, il luogo dell'abbandono e della ferocia e il luogo della morte solitaria. Fino a quel punto Dio segue l'uomo per raggiungerlo lì.

La croce dice anche un'altra cosa. Ci mostra il modo in cui possiamo superare il dolore. La causa del dolore è la bramosia con cui affondiamo i denti nel mondo. Quando lasciamo andare la bramosia e il mondo, allora veniamo sottratti al dolore. La croce, a cui vediamo appeso il sofferente Figlio di Dio, è speranza anche per colui che ha fallito, per chi ha rinunciato a se stesso, che continua a essere vittima della propria dipendenza. Costui vede in Gesù colui che vive fino in fondo il bisogno sul proprio corpo. In questo modo sa di non essere solo nella sua disperazione. E così la croce ci mostra che anche noi dobbiamo passare attraverso il dolore. Solo così può essere superato.

Certamente si tratta di una strada fondamentale per affrontare il dolore, solo che è una strada elitaria, non accessibile a molti uomini.

Paolo ha sperimentato che per lui nella croce il mondo viene «cancellato», cioè, il mondo con i suoi criteri non ha nessun potere su di lui. Paolo intende non solo il mondo, ma piuttosto *il pensiero secolare di Dio*, l'appropriarsi di Dio mediante le nostre rappresentazioni e il modo religioso di pensare basato sulla prestazione, un modo che dà per scontato che noi possiamo guadagnarci la benevolenza di Dio seguendo rigorosamente la sola legge.

La croce ci mostra l'amore incondizionato di Dio. In Gesù Dio è entrato nella massima oscurità del mondo e l'ha trasformata. Non abbiamo bisogno di giustificarci da soli. Nella croce, Dio ci mostra di averci accolto senza condizioni con tutta la nostra fragilità.

E la croce ci mostra che non possiamo appropriarci di Dio. Nell'ambiente religioso del nostro tempo corriamo il pericolo di ridurre Dio ai nostri criteri. Vediamo Dio soprattutto come ambito che dobbiamo integrare nel nostro cammino per diventare noi stessi. Ma abbiamo perso di vista il totalmente Altro, il Dio incomprensibile. La croce si mette di traverso alle nostre immagini di Dio e apre il nostro cuore al Dio incomprensibile, che ci è apparso in Gesù Cristo e che ci illumina in modo nuovo proprio sulla croce.

Che la croce sia il centro della teologia cristiana è stato spesso sottolineato soprattutto dai teologi evangelici. Ma anche papa Benedetto XVI vede nella croce il centro della rivelazione. La croce rivela l'essenza di Gesù. È «espressione della radicalità dell'amore che si dona totalmente... espressione di una vita che è totalmente essere-per-gli-altri»[5]. La croce rivela anche Dio: «Ecco Dio, tale da identificarsi con l'uomo, fin nel profondo di questo abisso, tale da salvarlo nell'istante stesso in cui lo giudica. Nell'abisso del fallimento umano si rivela l'abisso ancora più insondabile dell'amore divino»[6].

Jürgen Werbick cerca di spiegare la rivelazione nella croce e nella risurrezione con un linguaggio più moderno: la morte di Gesù in croce «rivela Dio e gli uomini sfidati da Dio: la passione di Dio per la vita, l'amore e la "giustizia superiore" e la passione dell'uomo che si mette in difesa contro tutto e tutti, contro quello che lo può mettere a confronto con la verità della sua vita nel peccato. La risurrezione del Crocifisso rivela la "decisione" di Dio di imporsi con la propria passione contro la passione mortale degli uomini»[7].

Non finiremo mai di riflettere sul mistero della croce e della risurrezione. Non solo ogni teologo, ma anche ogni cristiano deve trovare per sé le parole che gli dischiudono il centro della sua fede qui e ora, in modo da potersi comprendere come cristiano.

---

[5] J. RATZINGER, *Einführung in das Christentum*, cit., p. 231 (*Introduzione al cristianesimo*, cit., p. 272).

[6] *Ivi*, p. 242 (*Introduzione al cristianesimo*, cit., p. 282).

[7] J. WERBICK, *Vom entscheidend und unterscheidend Christlichen*, cit., pp. 144s.

Nell'interpretazione attuale, la croce mostra che la domanda di Lutero «come posso fare a ottenere un Dio misericordioso?» è superata. Non dobbiamo convincere Dio a essere misericordioso verso di noi. Dio è già qua. Ci viene incontro nel nostro spaesamento. Dio è pura grazia.

Si tratta solo di accettare nella mia vita l'amore di Dio che è irradiato in modo paradossale dalla croce. E la croce dice che incontro Dio proprio nei punti di frattura della mia vita. Là dove la mia vita viene frenata da una malattia, da un insuccesso, da un fallimento o dalla colpa, lì Dio mi si rivela nel modo più evidente. E là dove il dolore è di ostacolo al mio benessere fisico e psichico, mi viene chiesto se mi ribello a Dio o mi affido all'incomprensibilità del suo amore.

La croce diviene per me il vero luogo dell'incontro con Dio. Non devo cercare la croce. Ma quando rifletto sulla mia vita in modo realistico, allora comprendo che è plasmata da numerose croci, che accompagnano la mia strada e sconvolgono il mio modo di pensare, rendendomi aperto al Dio che è proprio lì dove sembra essere il più lontano possibile dal mondo: sulla croce, nel luogo dell'abbandono, del fallimento, della sconfitta, dell'essere a pezzi.

Per me personalmente la croce rappresenta un aiuto per affrontare la sofferenza che mi viene incontro. Nella mia vita mi è stata risparmiata quella sofferenza profonda che mi avrebbe portato al limite della mia esistenza.

Ma ogni qual volta sono stato colpito dal dolore, mi è stato d'aiuto accoglierlo e sostenerlo alla luce della croce di Gesù. A quel punto, nonostante la ribellione iniziale, ho sempre trovato una via per riconciliarmi con il dolore e per interpretarlo come una via su cui aprirmi a Dio.

Quello che pensavo della vita, di me stesso, di Dio, è stato mandato in frantumi. In questo modo il mio sguardo è divenuto libero per il Dio incomprensibile e per il suo amore incomprensibile. E ho visto molti uomini per i quali la croce è stata consolazione e sostegno e contemporaneamente una chiave per una vita piena.

Quando mia zia, che ha avuto una vita dura e che nonostante questo era piena di vita e di gioia, raccontava della propria sofferenza – e accadeva di rado – diceva solo: «Ognuno deve portare una croce». Era il suo modo di interpretare la sofferenza. Non si è chiesta perché proprio lei dovesse soffrire così tanto. E quando per lei le cose si sono fatte particolarmente difficili non si è allontanata da Dio. Lo sguardo alla croce le ha dato la capacità di resistere in mezzo alla sofferenza.

Nella chiesa abbaziale di Münsterschwarzach, che festeggia la festa patronale a Pasqua, sulla croce è appeso Cristo Risorto. Per questo, a Pasqua noi monaci festeggiamo sempre in modo particolarmente intenso. Per venticinque anni mi sono occupato della pastorale giovanile e per i circa 250 giovani presenti ha sempre rappresentato un grande evento il momento in cui la croce viene scoperta la sera del Sabato Santo. Vedevano nel Cristo Risorto la propria risurrezione. Sperimentavano la fiducia che non sarebbero rimasti nella «tomba della propria paura», ma sarebbero risorti alla vita. E dall'immagine del Risorto emergeva la grande speranza che i giovani non si sarebbero avviati alla morte nell'oscurità, ma nella luce. Le braccia spalancate di Gesù sulla croce li accoglieranno e li abbracceranno amorevolmente nella morte.

Qualche volta i ragazzi mi hanno detto che anche loro avrebbero voluto avvertire qualcosa della forza della Pasqua nel nostro convento di Münsterschwarzach. Nonostante sapessero che anche fra di noi ci sono problemi, i ragazzi dicevano che da noi emana una forte gioia interiore. Spero che non sia una gioia imposta, ma una gioia che fluisce dalla forza della risurrezione. Spero che la nostra gioia sia parte della gioia indistruttibile di cui parlano i Padri della Chiesa in riferimento alla risurrezione di Gesù.

4

LA VIA VERSO LA "DIVINIZZAZIONE" MEDIANTE I SACRAMENTI

Secondo papa Benedetto XVI i sacramenti rappresentano una concretizzazione dell'incarnazione di Dio in Gesù Cristo. «La compenetrazione di sensi e spirito è la continuazione dell'incarnazione divina e della sua volontà di comunicare con noi a partire dalle cose di questa terra»[1]. Nei sacramenti, la vita divina, che si rivela in Gesù Cristo, permea la nostra vita, il nostro corpo e la nostra anima. In modo analogo i sacramenti sono stati interpretati dai Padri della Chiesa.

San Paolo ha interpretato in modo particolare il sacramento del battesimo. Per lui il battesimo è essere accolti nel destino di Gesù Cristo, nella sua morte e nella sua risurrezione: «Fummo dunque sepolti con lui per il

---

[1] J. Ratzinger, *Gott und die Welt: Glauben und Leben in unserer Zeit. Ein Gespräch mit Peter Seewald*, Dt. Verl.-Anst., Stuttgart-München 2000, p. 342 (*Dio e il mondo: essere cristiani nel nuovo millennio. In colloquio con Peter Seewald*, trad. it. di O. Pastorelli, San Paolo, Cinisello Balsamo 2001, p. 364).

ANSELM GRÜN

battesimo per unirci alla sua morte, in modo che, come Cristo è risorto dai morti per la gloria del Padre, così anche noi abbiamo un comportamento di vita del tutto nuovo. Se infatti siamo diventati un medesimo essere insieme con lui per l'affinità con la sua morte, lo saremo pure per l'affinità con la sua risurrezione, ben sapendo questo: il nostro uomo vecchio fu crocifisso insieme con Cristo affinché fosse annullato il corpo del peccato, così da non essere più noi schiavi del peccato» (Rm 6,4-6).

Nel battesimo muore la nostra vecchia identità. Ora non ci definiamo più secondo i criteri di questo mondo, non più secondo la bramosia e le pulsioni, non più secondo i nostri bisogni e le nostre passioni, ma veniamo piuttosto immersi nella vita divina di Gesù. E questo rinnova il nostro spirito e il nostro corpo e ci rende capaci di comportarci in modo nuovo. Veniamo colmati della vita divina. La vita divina ci libera dalla prigionia del peccato. Non siamo più schiavi della nostra bramosia o delle nostre passioni, ma liberi figli e figlie di Dio.

Anche in altre religioni ci sono abluzioni rituali, che dovrebbero purificare l'uomo dalla colpa e dalle contaminazioni provocate dal mondo, in modo che egli si possa avvicinare al Dio puro. Il cristianesimo non ha «inventato» il battesimo, l'ha trovato già nell'ebraismo e nel contesto religioso dell'antichità, ma lo ha interpretato in modo unico.

Nel cristianesimo, infatti, con il battesimo entriamo a far parte di Gesù Cristo, una persona storica, nella quale riconosciano Dio stesso fattosi uomo. Prendiamo parte alla vita divina, ma sulla base della nostra relazione a Gesù Cristo. Nel battesimo veniamo sepolti con Gesù e ci risolleviamo a nuova vita: una nuova vita che non può essere distrutta nemmeno dalla morte.

E accogliamo lo Spirito Santo, che ci attira nella vita divina del Dio trinitario. Non solo il battesimo ci purifica dal peccato e dalla colpa e ripristina l'immagine incontaminata di Dio in noi, ma ci dice anche che da ora in poi partecipiamo alla fonte dello Spirito Santo, che sgorga in noi. Non inaridiremo mai più, perché la fonte divina dello Spirito Santo in noi non si esaurirà mai. Il battesimo trasforma il nostro essere, che non è più separato da Dio. Nello Spirito Santo siamo sollevati alla vita del Dio unitrino.

Di quello che ha avuto inizio nel battesimo si continua a fare esperienza in modo nuovo nell'Eucaristia. Nella Chiesa evangelica, il battesimo e la cena del Signore sono gli unici sacramenti, mentre la Chiesa cattolica conosce sette sacramenti. Ma anche per i teologi cattolici il battesimo e l'Eucaristia sono i sacramenti centrali.

Nel banchetto eucaristico diventiamo uno con Cristo e, attraverso di lui, con Dio. La vita divina ci permea nel corpo e nel sangue di Gesù. Ignazio di Antiochia definisce l'Eucaristia «medicina di immortalità e antidoto affinché non si muoia ma si viva sempre in Gesù Cristo»[2]. In essa partecipiamo della vita divina di Gesù Cristo e della sua risurrezione. La morte non ha più potere su di noi. Nella nostra mortalità siamo resi immortali mediante la vita divina di Gesù, nella nostra caducità siamo risollevati, nella nostra debolezza siamo colmati con la potenza divina.

Naturalmente ci coglierà, un giorno, la morte terrena, ma non ci separerà per sempre da Dio, anzi ci introdurrà ancora più profondamente nella comunione con Dio. La vita di Dio, che accogliamo in noi nell'Eucaristia, non ci verrà tolta nemmeno nella morte. Quindi, in ogni Eucaristia festeggiamo il superamento della morte.

L'Eucaristia è una celebrazione della memoria. Ricordiamo la morte e la risurrezione di Gesù Cristo, attraverso le quali la nostra vita è stata trasformata in modo radicale. Ricordiamo l'amore con cui Gesù ci ha amati fino alla morte. Per questo l'Eucaristia viene chiamata anche *sacrificio*. Sacrificio significa dedizione. Celebriamo la dedizione di Gesù, riconoscendo che per lui siamo stati e

---

[2] Citazione tratta da J. BETZ, *Eucharistie als zentrales Mysterium*, in J. FEINER - M. LÖHRER (Hrsg.), *Mysterium Salutis: Grundriss heilsgeschichtlicher Dogmatik*, Bd. 4.2, Benziger, Einsiedeln-Zürich-Köln 1973, pp. 185-392, qui p. 212 (*L'eucaristia come mistero centrale*, in *Mysterium salutis: nuovo corso di dogmatica come teologia della storia della salvezza*, vol. 8.2, edizione italiana a cura di T. Federici, Queriniana, Brescia 1975, pp. 229-388, qui p. 261).

siamo così importanti, che per noi si è donato nella morte in croce e ci ha amato sino alla fine.

Nell'uomo è presente un desiderio forte di sperimentare un'approvazione incondizionata. Nel battesimo abbiamo sperimentato questa approvazione incondizionata nelle parole che anche Gesù ha sentito al momento del suo battesimo: «Tu sei il mio figlio prediletto, tu sei la mia figlia prediletta. In te mi sono compiaciuto» (cfr. per esempio Mc 1,11). Nell'Eucaristia facciamo esperienza che Gesù ci ama così tanto da donare la propria vita per noi.

La dedizione di un'altra persona proprio per noi è una base solida, su cui ci possiamo costruire la «casa della vita». Quando ci sentiamo soli, trascurati e privi di valore, il dono di Gesù, che celebriamo nell'Eucaristia, ci mostra che siamo infinitamente preziosi davanti a Dio; così preziosi e stimati, così amati e accolti, che Gesù ha fatto da capro espiatorio per noi e ha offerto la propria vita. A partire dal dono di Gesù possiamo vivere sapendo di essere amati in modo incondizionato.

Nei discorsi di congedo nel vangelo secondo Giovanni, Gesù stesso interpreta il suo sacrificio come espressione dell'amore per i suoi amici: «Nessuno ha un amore più grande di questo: dare la vita per i suoi amici» (Gv 15,13). Nell'Eucaristia ci rassicuriamo di essere amici di Gesù. E nella comunione diventiamo uno con Gesù Cristo, che ci ama fino alla fine. Anche su questo punto diviene chiaro che «la comunione è l'incontro tra due persone; significa che Cristo entra in me e che io posso entrare in lui»[3]. Lo scopo della comunione è che «noi ci lasciamo trarre a lui, acconsentiamo a che lui ci faccia entrare in intima comunione con sé e ad essere infine introdotti a una somiglianza interiore con lui»[4].

Nella sua enciclica sull'amore, papa Benedetto XVI descrive la comunione come essere attratti nella donazione di Gesù: «Noi non riceviamo soltanto in modo statico il *Logos* incarnato, ma veniamo coinvolti nella dinamica della sua donazione»[5].

La celebrazione eucaristica della morte e della risurrezione ci dice anche un'altra cosa: non c'è morte che non si trasformi in vita, non c'è nulla di pietrificato che non possa essere dischiuso a nuova vita. Non c'è un'oscurità, in cui non possa penetrare la luce dell'amore divino, nessuna depressione che non venga stretta fra le braccia piene di tenerezza di Dio. E non c'è nessun fallimento che non possa diventare l'inizio di una nuova vita.

Quindi, nella morte e risurrezione di Gesù festeggiamo non solo un evento passato, ma anche il mistero della nostra stessa vita. Contemporaneamente nella *memoria passionis*, nella celebrazione della memoria della passione di Gesù, ricordiamo anche la sofferenza di questo mondo.

[3] J. RATZINGER, *Gott und die Welt*, cit., p. 350 (*Dio e il mondo*, cit., p. 372).
[4] *Ivi*, p. 351 (*Dio e il mondo*, cit., p. 373).
[5] BENEDETTO XVI, Lettera enciclica *Deus caritas est*, n. 13.

Non possiamo celebrare l'Eucaristia senza pensare alle molte persone sofferenti nel nostro mondo. L'Eucaristia ci porta a una solidarietà profonda con le persone maltrattate, disprezzate, spinte ai margini, «crocifisse».

Per questo nel cristianesimo non c'è nessuna via spirituale, nessuna liturgia, nessuna preghiera che non ci leghi agli altri. Nella solidarietà con tutti gli uomini di questo mondo preghiamo e celebriamo l'Eucaristia, come celebrazione della speranza che la risurrezione di Cristo trasformi anche le «croci» di questo mondo. Ma contemporaneamente l'Eucaristia ci sfida a mettere in pratica nella nostra vita il mistero che celebriamo. Questo significa impegnarci per i sofferenti di questo mondo e far sì che il mondo, che rimuove il dolore e preferirebbe eliminare le persone che soffrono in quanto disturbano, si ricordi sempre della sofferenza, in modo da confrontarsi con essa e rivolgere la propria attenzione ai sofferenti.

La divinizzazione era anche lo scopo dei culti misterici, che il cristianesimo ha trovato nel contesto in cui si è sviluppato. Nei culti misterici venivano rappresentati miti divini, come il percorso di sofferenza di una divinità, che alla fine porta alla vittoria. Mettendo in scena questo percorso che la divinità affronta, l'adepto ai culti misterici partecipa di questa vittoria. I misteri vengono chiamati in greco *sotería* = salvezza, un concetto che la Bibbia applica continuamente a Gesù. Nei culti misterici «è sempre presente un incremento nella forza vitale e nell'attesa vitale, che possono essere garantite mediante la partecipazione alla vita indistruttibile di una divinità»[6].

I sacramenti cristiani hanno assunto in parte i concetti e le immagini dei culti misterici. Anche i cristiani vengono colmati della vita divina, quando celebrano i sacramenti. Ma – come si è detto – lo scopo è un altro: incontrare Gesù Cristo. In ogni sacramento incontriamo il Gesù storico, che ha sofferto un particolare destino. E incontriamo quel Gesù che si è donato per noi.

Viviamo del suo amore e nei sacramenti ci rassicuriamo concretamente dell'amore di Gesù. Per questo i Padri della Chiesa affermano che tutto ciò che è visibile in Gesù è confluito nei sacramenti. Nei sacramenti ci tocca, per così dire, la mano del Gesù storico. In essi ci accade oggi quello che è successo agli uomini del suo tempo.

Oggi Gesù ci offre il suo corpo nel pane e il suo sangue nel vino, così come allora si è offerto ai propri discepoli durante la cena sotto questi segni. Oggi Gesù ci purifica mediante il suo spirito nel battesimo e ci fa partecipare alla sua vita divina. Oggi ci rinforza nella cresima mediante l'unzione con lo Spirito Santo, che ha effuso su di noi nella morte. Oggi tocca le nostre ferite per guarirle

---

[6] H.J. KLAUCK, *Anknüpfung und Widerspruch*, cit., p. 22.

nell'unzione degli infermi, come ha guarito allora i malati. Oggi ci perdona i peccati nella confessione, come ha promesso allora ai peccatori: «Ti sono perdonati i tuoi peccati» (Lc 7,48).

Nei sacramenti incontriamo Gesù – per così dire – in carne e ossa, per contatto. E partecipiamo del suo Spirito, della vita divina che lo ha colmato. Questa vita divina però non è solo qualcosa di metafisico, ma è lo Spirito di Gesù Cristo. Veniamo colmati del suo Spirito, del suo modo di parlare, di andare incontro alle persone e di toccarle, del suo carisma. Lo Spirito Santo non è solo qualcosa di divino, ma è lo Spirito personale di Gesù, che lo ha pervaso e che ha costituito il suo essere. Nello Spirito Santo diventiamo un *alter Christus*, un altro Cristo, come si diceva nel latino medievale.

I sacramenti sono mezzi importanti per affrontare le vicende della vita. In essi vengono tematizzati passaggi importanti della vita come il nascere, il crescere, lo sposarsi, l'essere malato e il morire. Nella storia della religione si parla di riti di passaggio, che ci dovrebbero togliere la paura della soglia, che dobbiamo sempre superare nella vita per trovare la nostra strada.

Oggi molte persone sperimentano l'unzione degli infermi quale aiuto per affrontare la malattie e attingere forza dalla potenza terapeutica di Gesù Cristo. Per Karl Rahner, tutte le malattie sono messaggere della morte e «manifestano l'intima fragilità e mortalità dell'uomo»[7]. L'unzione degli infermi mi fa capire che non sono solo né nella malattia, né nella morte, ma che Cristo è con me e mi accompagna. Lo scopo dell'unzione degli infermi è che «quella misteriosa circolazione della vita divina non solo circoli liberamente in noi, ma si incarni anche nella nostra esistenza tangibile e così la grazia ci venga infusa di nuovo anche attraverso questa sua manifestazione e penetri potentemente e beneficamente la nostra vita e la nostra morte»[8].

Ciò che vale per l'unzione degli infermi vale per tutti i sacramenti. In loro la grazia, che nella morte e nella risurrezione di Gesù ha sconfitto per sempre ogni male, scorre concretamente nelle diverse situazioni della nostra vita, le trasforma e le guarisce. In questo modo la divinizzazione, che ha avuto inizio nell'incarnazione di Dio in Gesù Cristo, viene continuamente attualizzata – in modo che sempre più uomini vengano afferrati e permeati e pervasi dalla grazia nelle attività più importanti della loro vita.

Il sacramento della riconciliazione, la confessione, rappresenta un aiuto nell'affrontare la colpa. Chi non conosce i sensi di colpa? Per esempio, ci si sente colpevoli perché non si è all'altezza delle proprie attese. Le madri

---

[7] K. RAHNER, *Grundkurs des Glaubens: Einführung in den Begriff des Christentums*, Herder, Freiburg i.B. 1976, p. 407 (*Corso fondamentale sulla fede. Introduzione al concetto di cristianesimo*, trad. it. di C. Danna, Edizioni Paoline, Cinisello Balsamo 1990, p. 536).

[8] *Ivi*, p. 408 (*Corso fondamentale sulla fede*, cit., p. 537).

si sentono colpevoli quando urlano dietro ai propri figli. I padri hanno complessi di colpa, perché collaborano poco all'educazione dei figli e non sono sufficientemente presenti in famiglia. E tutti proviamo sensi di colpa, quando siamo responsabili di una colpa vera, quando abbiamo danneggiato noi stessi o altri o li abbiamo feriti.

La confessione ci offre un luogo in cui possiamo affrontare i nostri sensi di colpa e fare esperienza del venire discolpati e liberati. Quando il sacerdote ci assolve dal peccato in forza del potere di Cristo e a nome della comunità, allora abbiamo la forza di perdonarci invece di continuare a portarci dietro i sensi di colpa, addirittura per una vita intera. È un atto liberante e terapeutico quando, nel rito della confessione, vengono superate le resistenze del nostro inconscio verso il perdono e possiamo credere nel profondo della nostra anima di venire accolti in modo incondizionato con tutto quello che c'è in noi, con la nostra fragilità e mediocrità, con la nostra vita non vissuta e con la nostra colpa di fronte a Dio.

Spesso le persone mi raccontano quanto siano grate per l'esperienza dei sacramenti. Qualche volta per anni non li hanno ritenuti importanti, li hanno liquidati come riti superati e lontani dalla realtà. Ma poi all'improvviso si aprono all'efficacia terapeutica di tali riti antichi.

Forse la psicologia ha aperto loro gli occhi di fronte alla virtù terapeutica dei riti. O hanno vissuto celebrazioni ecclesiali che si sono rivelate armoniose e coerenti, perché il sacerdote era del tutto presente nel rito e lo ha interpretato in modo tale che a loro si sono aperti gli occhi e si sono detti: «Questo mi riguarda. Vengo colmato della vita divina. E quando la vita di Dio e l'amore di Dio, così come vengono rivelati in Gesù, fluiscono sempre di più in tutti gli ambiti della mia vita, allora la mia vita diventa sempre più completa e autentica. A poco a poco posso vivere in modo che corrisponde alla mia essenza più intima. La divinizzazione mi libera per farmi sperimentare la mia vera essenza umana».

L'Eucaristia che celebro ogni giorno rappresenta per me il punto centrale della mia fede. In essa faccio esperienza della sintesi di ciò in cui credo e di ciò su cui si basa la mia speranza. La cosa affascinante è che in questo rito semplice dello spezzare il pane e della comunione continuo a sperimentare l'amore di Gesù Cristo.

Mi sincero di me stesso in questo sacramento dell'amore, con cui Gesù mi ha amato. Non conosco alcun rito in altre religioni in cui l'amore sia posto così al centro. Nell'Eucaristia Gesù ci ha lasciato il testamento del suo amore, perché lo sperimentiamo in modo sempre nuovo: posso vivere sulla base dell'amore con cui mi ha amato fino alla fine. Posso costruire su questo amore di Gesù Cristo. La mia speranza si fonda su questo amore. È il fondamento della mia vita. Lo posso sperimentare in carne e ossa.

Nella consacrazione (*lett.* trasformazione) eucaristica la mia vita viene *trasformata*. E la comunione della carne e del sangue di Cristo è come un bacio del suo amore. Ogni giorno faccio esperienza in modo nuovo del mistero della mia vita, che è pervasa e viene trasformata dalla vita divina e dall'amore divino. Ma questa esperienza è contemporaneamente una sfida: vivere di questo amore e lasciarlo fluire in ogni mia parola, azione e incontro.

5

RELIGIONE STORICA

Già parlando dei sacramenti è emersa chiaramente la differenza fra il cristianesimo e le altre religioni. Nei culti misterici greci si celebrava un mito divino. Si sapeva che il mito non era una storia, ma un racconto che esprimeva un aspetto essenziale dell'essere immutabile dell'uomo e della divinità.

Il cristianesimo ha in comune con l'ebraismo la certezza che Dio agisce nella storia. Israele ha sempre sostenuto che Dio interviene nella storia. E Israele ricorda ogni sabato l'atto più importante dal punto di vista storico che Dio ha fatto per il suo popolo: l'uscita dall'Egitto. Questo evento storico è diventato contemporaneamente il simbolo dell'azione liberante di Dio. L'Egitto è diventato il simbolo della prigionia e della dipendenza, dell'alienazione e dell'oppressione, della vita inautentica. E l'uscita dall'Egitto dà al popolo la certezza che Dio lo ha scelto e che lo libererà sempre dalla prigionia e dal bisogno.

Ogni volta che Israele soffre perché apparentemente Dio è assente e i malvagi prendono il sopravvento sul mondo, si ricorda delle opere di Dio nel passato. Nel salmo 77, all'inizio l'orante si domanda: «Forse che Dio s'è dimenticato di aver pietà? Oppure ha offuscato nell'ira la sua compassione?» (Sal 77,10). Ma si risponde da solo, ripensando alla storia: «Ecco il mio tormento: che sia mutata la destra dell'Altissimo. Ricorderò le gesta del Signore. Sì, voglio ricordare le tue meraviglie fin dai tempi antichi. E mediterò su tutto il tuo operato e considererò tutte le tue gesta» (Sal 77,11-13).

Il ricordo delle opere di Dio nella storia rappresenta il fondamento di ogni preghiera. Il ricordo trasforma il momento presente. Dona la speranza che Dio agirà adesso, in questo momento, come ha fatto allora, che libererà il suo popolo, che libererà l'orante assediato dalla paura e dal bisogno.

Il cristianesimo è una religione storica come l'ebraismo. Dio è divenuto visibile nella storia. L'incarnazione di Dio è avvenuta in un momento preciso del tempo e in un luogo preciso. E l'essere uomo e l'apparizione di Gesù ha conseguenze dal punto di vista storico. Dai circa trentasette anni che Gesù ha vissuto è emerso qualcosa che ha trasformato l'intera storia dell'umanità.

La vita storica di Gesù continua a lasciare il segno fino a oggi. Il mondo è cambiato a causa dell'evento di Gesù

Cristo. La sua morte in croce ha reso visibile in questo mondo l'amore che vince la morte. Nessuno oggi può ignorare questo amore. È un fatto di cui si deve tener conto, se si vive in modo consapevole nel mondo. L'amore è venuto nel mondo e ha trasformato profondamente la coscienza degli uomini. Sì, è penetrato fino nell'inconscio dell'umanità e lì ha rischiarato l'oscurità e ha sciolto quello che era ingarbugliato e confuso.

Per esempio, anche Buddha è realmente vissuto, ma non ha annunciato l'agire storico di Dio, bensì piuttosto l'essenza sempre identica dell'uomo e della sua situazione. Nell'interpretazione di Buddha, l'uomo è soggetto alla sofferenza da tempo immemorabile, perché è spinto dalla bramosia. L'uomo si deve liberare dalla sofferenza, rinunciando alla bramosia e comprendendo che il mondo è solo apparenza. Questa verità vale per tutte le epoche. La storia con i suoi alti e bassi non interessa a Buddha.

Anche Buddha ha fatto la storia. E anche il buddhismo ha una storia, ma non si presenta come religione storica, in quanto possiede piuttosto una coscienza ciclica: tutto si ripete, niente è cambiato in questo mondo. Daisetz Teitaro Suzuki, un interprete moderno del buddhismo zen, vede nella storicità la differenza essenziale fra cristianesimo e buddhismo: «Il cristianesimo, la religione dell'Occidente, parla di Logos, Parola, incarnazione, e mondanità passionale. Le religioni dell'Oriente aspirano all'escarnazione, al silenzio, all'assorbimento, alla pace eterna»[1].

Per noi cristiani, Dio si rivela nella storia. Per Jürgen Werbick questo significa che «i credenti ascoltano e comprendono la sua parola essenziale non ritirandosi dal mondo e dalla storia, ma sulle tracce di Gesù Cristo, il Crocifisso, sulle strade della sequela nel confronto con le sfide della storia. La storia è il campo in cui vanno individuate le tracce, in cui va ritrovata e mantenuta la strada della sequela»[2].

Il cristianesimo non è un principio valido in eterno e nemmeno un mito. Si basa su una storia concreta, che si è svolta duemila anni fa. Soprattutto l'evangelista Luca sottolinea l'evento storico, fornendo come uno storiografo greco la datazione precisa di quando Gesù è apparso: «Era l'anno quindicesimo del regno di Tiberio Cesare: Ponzio Pilato governava la Giudea, Erode era tetrarca della Galilea e suo fratello Filippo dell'Iturea e della Traconitide; Lisania governava la provincia dell'Abilene» (Lc 3,1).

L'agire storico di Dio in Gesù Cristo è il fondamento del cristianesimo. E come gli ebrei, noi cristiani ricordiamo sempre le opere di Gesù. Nella celebrazione dell'Eucaristia ascoltiamo le parole che Gesù ha detto e ricordiamo

[1] Citazione tratta da J. WERBICK, *Vom entscheidend und unterscheidend Christlichen*, cit., pp. 129s.
[2] *Ivi*, p. 129.

quello che ha fatto: le guarigioni miracolose, gli incontri, il carisma e infine la morte e risurrezione.

Johann Baptist Metz parla di «memoria passionis» – del ricordo della passione di Gesù – come di un ricordo pericoloso e liberante: «Ci sono ricordi pericolosi, ricordi di speranze e paure che abbiamo provato e che ora si sono ammutoliti, o sono stati rimossi, e che si ripresentano all'improvviso nella nostra semplice quotidianità. Illuminano per un attimo in modo abbagliante e duro la fragilità di ciò di cui, apparentemente, ci siamo accontentati»[3].

Metz mette in guardia dal lasciarsi abbagliare da un presente senza sfondo. Non appena la religione è senza storia, consegniamo la storia ad altre potenze. Per questo motivo Metz si batte per il ricordo pericoloso dei cristiani: «Qui la fede cristiana si potrebbe esprimere come un ricordo che ci rende liberi di soffrire per la sofferenza degli altri, nonostante la negatività della sofferenza sia sempre più improponibile nella nostra società e appaia quasi disdicevole»[4].

Ricordandoci della morte di Gesù in croce, diventiamo sensibili alle molte croci che gli altri e anche noi stessi continuiamo a erigere ancora oggi. Il ricordo storico di Gesù Cristo ci dovrebbe stimolare ad agire nella storia dell'umanità secondo le intenzioni di Gesù e ad assumercene la

---

[3] J.B. METZ, *Befreiendes Gedächtnis Jesu Christi*, Matthias Grünewald, Mainz 1970, p. 6.
[4] *Ivi*, p. 14.

responsabilità. E il ricordo rompe la nostra cecità. Non possiamo chiudere gli occhi di fronte alla sofferenza che ci circonda. Il ricordo mette fuori gioco i criteri di questo mondo. Ci impedisce di orientarci ai potenti. Il ricordo di Gesù è il pungolo che continua a spingerci a guardare questo mondo con gli occhi di Gesù e a mettere in pratica oggi quello che Gesù ha vissuto allora.

Mentre ci ricordiamo delle opere di Gesù, egli si fa presente in mezzo a noi. Il ricordo rende presente il carisma liberante di Gesù. L'evangelista Luca descrive le opere di Gesù come «anno di salvezza»: come un tempo in cui Cristo opera la salvezza degli uomini. E questo anno di salvezza si fa presente anche oggi nelle feste dell'anno liturgico. Nel vangelo secondo Luca si parla per sette volte di «oggi». Questo «oggi» si fa palpabile nella liturgia: oggi celebriamo la nascita di Gesù, oggi i suoi miracoli si fanno presenti in mezzo a noi, oggi prendiamo parte alla sua morte e alla sua risurrezione. Oggi accade a noi quello che è accaduto allora agli uomini che hanno incontrato Gesù.

Nel celebrare anno dopo anno questo anno di salvezza, in cui Gesù ha portato ai poveri una buona novella, ha guarito i cuori spezzati, ha risollevato i prigionieri, gli oppressi, gli affaticati e gli afflitti e li ha condotti alla libertà, la nostra storia viene trasformata (cfr. Lc 4,18s). La salvezza avvenuta allora permea sempre di più la nostra storia.

L'operato storico di Gesù prosegue, quindi, ancora oggi. L'evangelista Luca ritiene vi siano due vie attraverso le quali l'evento storico in Gesù Cristo continua a permeare la nostra storia.

Una via è la *via spirituale*, la via della preghiera e della celebrazione della salvezza nella liturgia. Si potrebbe dire che, con le sue feste, l'anno liturgico trasforma sempre di più il nostro tempo. Nella nostra liturgia pensiamo sempre anche al mondo, perché venga pervaso qui e ora dallo Spirito di Gesù e venga trasformato dalla sua salvezza.

La seconda via è l'*agire attivo dei cristiani*. Negli Atti degli Apostoli, Luca descrive il modo in cui i discepoli portano lo Spirito di Gesù in tutto il mondo. Lo Spirito di Gesù fa sì che i discepoli guariscano i malati come ha fatto Gesù (Pietro e Giovanni in At 3) e preghino per gli assassini (Stefano in At 7). Paolo arriva fino ai confini della terra sostenuto dalla forza dello Spirito Santo per annunciare in tutto il mondo la buona novella della salvezza, che si è presentata in Gesù Cristo. L'annuncio fa parte dell'affermazione storica della salvezza. Mentre i discepoli rendono testimonianza a Gesù Cristo con le parole, ma anche con la loro vita, la sua salvezza agisce sugli uomini che accolgono nella fede la testimonianza cristiana.

Nella versione greca, la Bibbia non parla del tempo come *chrónos*, il tempo sempre identico pieno di appuntamenti, che divora i suoi stessi figli, secondo la descrizione del mito greco, ma piuttosto di *kairós*, il tempo giusto, il tempo della grazia, il tempo bello. È il tempo che Dio stesso dona all'uomo come tempo in cui gli viene incontro e lo vuole salvare. *Kairós* non significa il tempo sempre identico, ma il *tempo della grazia*, che vorrebbe continuare a trasformare il nostro tempo storico.

Nella visione della Bibbia, il tempo ha una storia e questa storia è costantemente in evoluzione, ha uno sviluppo interno. Il traguardo è il compimento del mondo. Viviamo proiettati sul futuro. Il ricordo del passato ci apre un futuro nuovo. Per questo motivo il cristianesimo è sempre una religione escatologica – cioè una religione tesa al compimento del mondo. È plasmata dalla speranza di un futuro migliore e dalla speranza della salvezza definitiva, che Dio ha promesso a tutto il mondo.

Per noi cristiani Gesù è il fondamento della nostra fede, ma contemporaneamente l'opera di Gesù appartiene anche alla storia ebraica. Non siamo noi cristiani a cominciare con la storia di Gesù. In Gesù, piuttosto, culmina l'operato di Dio verso Israele. Gesù è ebreo del tutto e per tutto e nelle liturgie ebraiche si è sempre ricordato dell'agire di Dio nella storia di Israele.

E noi cristiani ci ricordiamo con Gesù dell'agire di Dio, così come ci è tramandato dall'Antico Testamento. Insieme agli ebrei preghiamo i salmi, in cui ricordiamo l'agire di Dio.

La memoria, tuttavia, non è solo rivolta al passato. Ricordando il passato, guardiamo in modo diverso al presente e al futuro. Ricordandoci dell'agire di Dio nel passato, siamo aperti a ciò che Dio fa per noi oggi, e per il suo presente.

Il ricordo è una forma essenziale della meditazione cristiana. Il ricordo di Gesù ci porta non solo nella storia, ma anche nell'intimo della nostra anima. Così lo descrive Agostino con una bella espressione: «Così ci ha parlato la tua Parola nel vangelo mediante la carne, e così è risuonata là fuori all'orecchio dell'uomo, in modo che l'uomo le creda e che la cerchi all'interno della propria anima e poi la trovi nella verità eterna, dove insegna a tutti noi l'unico e buon maestro dei suoi discepoli»[5].

Per la storia non sono importanti solo il passato e il presente, ma anche il futuro. La nostra fede ci insegna che Dio ha preparato per noi un futuro migliore. Questo vale non solo per il futuro dopo la nostra morte, ma anche per il futuro della storia. La storia avrà una fine, non una fine terribile, ma benefica.

Cristo verrà alla fine dei tempi. La storia non è sempre ritorno dell'antico, ma noi attendiamo piuttosto la venuta di Gesù Cristo nella gloria. In questo modo, in

---

[5] Citazione tratta da R. KÖRNER, *Gedächtnis*, s.v., in C. SCHÜTZ (Hrsg.), *Praktisches Lexikon der Spiritualität*, Herder, Freiburg i.B. 1988, pp. 454-457, qui p. 455.

tutto quello che facciamo, abbiamo lo sguardo rivolto a un futuro migliore. Collaboriamo attivamente a questo futuro, ma contemporaneamente relativizziamo quello che facciamo. Crediamo che il nostro futuro dipenda dalla nostra responsabilità e dal nostro agire, così come anche dall'agire di Dio e dalla sua grazia.

In questo modo contemporaneamente ci affidiamo, nonostante l'impegno per il futuro, alla grazia di Dio. Ma la collaborazione attiva a un futuro più umano fa parte in modo essenziale della nostra fede cristiana e ci differenzia dalla dottrina buddhista e indù. Naturalmente questo non significa che i buddhisti e gli indù non si assumono la responsabilità del nostro mondo e del suo futuro!

Nelle religioni orientali ci viene incontro un'altra immagine di uomo. Per le religioni orientali la storia non ha valore, o perlomeno ha un valore ridotto. È semplicemente storia profana. Il vero accadimento sta al di là della storia.

Tuttavia anche nell'induismo moderno ci sono senz'altro correnti che chiedono a gran voce «l'impegno storico-sociale delle persone religiose»[6], ma spesso la storia viene trascurata, in quanto Dio è al di là della storia.

Quando la storia non viene presa sul serio, ci priviamo dei fondamenti su cui ci troviamo. Una cultura perde le proprie radici, quando dimentica la storia. Questo

---

[6] J. WERBICK, *Vom entscheidend und unterscheidend Christlichen*, cit., p. 138.

vale anche per la storia personale di vita. Quando non la prendiamo sul serio e non la ricordiamo, mettiamo in pericolo la nostra salute interiore. Dell'essere persona fa parte anche la storia personale. Nella storia si dispiega il mistero della persona. La memoria della sua storia porta la persona alla dimensione interiore della sua anima, nella sua «memoria» secondo la terminologia di Agostino, nel fondo della sua anima come dice Giovanni Taulero.

La struttura storica del cristianesimo ritengo abbia due significati: da una parte ci immischiamo nella storia umana come cristiani. Ci assumiamo la responsabilità di operare perché questa storia prenda un corso migliore. Ci preoccupiamo del futuro. Ed esploriamo il passato per imparare per il presente e il futuro. Ma soprattutto ci sentiamo responsabili, perché la storia dell'umanità sbocchi in un futuro migliore.

Per questo motivo l'agire politico fa parte in modo essenziale del cristianesimo. L'ho capito in Corea. Nonostante lì i cattolici siano solo l'otto per cento della popolazione, rappresentano il venticinque per cento dei deputati. Evidentemente hanno capito che essere cristiani significa assumersi la responsabilità del destino di un popolo, impegnarsi dal punto di vista sociale e collaborare per migliorare le strutture e le condizioni di vita dell'uomo.

Dall'altro lato, la storicità della nostra fede significa che la nostra storia di vita personale viene presa sul serio.

La psicoterapia ci ha mostrato di recente che non possiamo vivere in modo autentico e sano senza riconciliarci con la nostra storia di vita. E di questa storia di vita fa parte anche la storia dei nostri antenati.

Nella terapia sistemica si riconosce che il nostro *imprinting* risale ad almeno tre, quattro generazioni precedenti la nostra. Non posso sperimentare la guarigione, se scavalco la mia storia di vita. La vita divina deve penetrare nella mia storia di vita – con la storia che la precede – come Gesù è entrato nella storia degli uomini per guarirla in modo radicale.

Mi affascina il modo in cui Gesù, alla domanda relativa alla risurrezione, faccia riferimento all'apparizione di Dio nel roveto ardente (cfr. Lc 20,37s). Lì Dio ha parlato a Mosè: «Io sono il Dio di tuo padre, Dio di Abramo, Dio di Isacco, Dio di Giacobbe» (Es 3,6). Questa affermazione significa che Dio è il Dio della mia storia di vita, il Dio di mio padre e di mia madre, il Dio dei miei nonni e delle mie nonne. Il Dio che mi viene incontro adesso è già andato incontro ai miei antenati. Conosce la mia storia e vorrebbe guarirla e trasformarla in modo radicale.

E il Dio che si rivela nel roveto è sempre anche un Dio della promessa. Ci promette un futuro migliore. La storia non è statica, ma è incamminata verso un futuro migliore. Dio manda Mosè perché conduca il suo popolo fuori dall'Egitto e lo guidi nella terra promessa delle libertà. Dio interviene nella storia, per trasformare la storia della sventura in storia di salvezza.

Nella terapia ci aspettiamo la guarigione della nostra storia di vita affrontandola fino in fondo, guardando in faccia le ferite, ma anche le fonti sane da cui attingiamo. La nostra fede cristiana ci indica un'altra strada.

La Bibbia ci racconta delle storie. Ascoltando le storie e confrontandole con la nostra storia di vita, riconosciamo le strutture della nostra storia. Ci imbattiamo in ferite, ma anche in possibilità e risorse che finora ci eravamo lasciati sfuggire. Le storie bibliche ci spiegano la nostra storia di vita. E contemporaneamente, ascoltando e meditando le storie bibliche, veniamo coinvolti in esse e facciamo anche esperienza della soluzione dei nostri nodi irrisolti e della guarigione delle nostre ferite.

Il racconto di storie è da tempo una forma di terapia, soprattutto orientale. Avremmo bisogno, oggi, di una nuova concezione dell'effetto terapeutico delle storie bibliche, attraverso le quali le nostre storie di vita appaiano in una luce nuova. All'improvviso comprendiamo le macchie oscure nella nostra storia e, quindi, possiamo affrontarle in modo nuovo. Il confronto della nostra storia di vita personale con la storia di Gesù è un aspetto importante di una terapia basata sulla fede. Rischiara la nostra vita e fa fluire nelle situazioni concrete della nostra storia la forza guaritrice di Gesù.

6

LA REDENZIONE MEDIANTE GESÙ CRISTO

Molti ritengono che l'essenza del cristianesimo si trovi nella redenzione dell'umanità da parte di Gesù Cristo e descrivono il cristianesimo come religione di redenzione, ma anche nelle altre religioni lo scopo fondamentale è la redenzione. In Israele Dio è sempre colui che redime il popolo e lo libera dai bisogni e dalla tribolazione. Anche per il buddhismo lo scopo è la redenzione, solo che in esso non è Dio a redimere, ma è piuttosto Buddha a insegnare la via verso la redenzione. Chi percorre la via che Buddha ha tracciato, viene liberato dalla maledizione della reincarnazione, giunge al nirvana nella morte e già qui sulla terra raggiunge la liberazione dalla bramosia. Viene liberato dalla schiavitù all'apparenza del mondo e giunge alla coscienza pura. La vera redenzione è la redenzione dal proprio io e la via verso il puro essere. La tradizione buddhista e indù intende «la redenzione come liberazione da falsi progetti di vita, che distorcono la percezione della realtà»[1].

Noi cristiani potremmo rispondere che per noi la redenzione è la liberazione dalle complicazioni di questo mondo: «Lo Spirito di Gesù Cristo ci libera dal coinvolgimento in progetti di vita funesti, dato che attrae i credenti verso l'avvento della signoria di Dio, dato che invoglia ad affidare all'amore – e a Dio in esso – le cose decisive, dato che li sfida a testimoniare l'affidabilità di Dio nel loro impegno per la giustizia»[2]. Il punto di vista cristiano relativo alla redenzione non mira solo alla liberazione dal mondo, ma piuttosto contemporaneamente a trasformare attivamente il mondo a partire dalla libertà interiore di fronte alle strutture di potere del mondo.

Non è il tema della redenzione a separare i cristiani dalle altre religioni, ma certamente il modo in cui avviene la redenzione è unico nel cristianesimo. Non solo Gesù viene descritto come maestro che ci mostra una via per una vita riuscita e in questo modo ci redime dall'incertezza e dall'inconsapevolezza, ma la redenzione avviene piuttosto mediante l'azione storica di Gesù. Tuttavia, non possiamo ridurre quest'azione alla sua morte in croce. Questa concentrazione sulla croce ha spinto per secoli la dottrina della redenzione del cristianesimo in una certa parzialità.

[1] J. WERBICK, *Vom entscheidend und unterscheidend Christlichen*, cit., p. 148.
[2] *Ibidem*.

Non è solo la morte di Gesù a redimerci, ma tutta la sua vita e la sua opera. Gesù libera gli uomini dal potere dei «demoni». Li redime togliendo la paura di un Dio che punisce – e di un Super-io, che è ancora più spietato del Dio giudice annunciato da qualche teologo –. Ma una cosa è chiara: la redenzione mediante Gesù Cristo è molto di più di una via per uscire dalla dipendenza e dalla prigionia. È un evento storico, che secondo la tradizione del Nuovo Testamento culmina nella morte di Gesù sulla croce e nella sua risurrezione.

Fondamentale è il modo in cui interpretiamo la redenzione mediante la morte e risurrezione di Gesù. Non vorrei qui affrontare l'intera problematica, in quanto l'ho già fatto in un'altra occasione[3].

La Bibbia stessa utilizza diverse immagini e concetti per spiegare l'effetto redentore e liberante della morte e risurrezione di Gesù. Ma decisivo è il fatto che in Gesù diviene visibile un amore che ci libera dalla subordinazione all'io. E questo amore culmina nella sua morte in croce. Gesù non è sfuggito alla sofferenza. Ci è passato attraverso, non perché sia masochista, ma perché ha amato i suoi discepoli fino alla fine, fino al compimento.

---

[3] Cfr. A. GRÜN, *Erlösung. Ihre Bedeutung in unserem Leben*, Kreuz Verlag, Stuttgart 2004 (*Redenzione: il suo significato nella nostra vita*, trad. it. di D. Pezzetta, Queriniana, Brescia 2005).

Gesù stesso paragona questo amore con l'amore del buon pastore per le sue pecore, che si spinge fino a dare la sua vita per loro. Così dice di sé Gesù: «Io sono il buon pastore... Io do la mia vita per le pecore» (Gv 10,14s). La vera redenzione avviene mediante l'amore di Gesù, che dà la sua vita per noi e si sacrifica per noi, perché veniamo liberati dalla subordinazione a noi stessi e diveniamo capaci di amare in modo nuovo.

La vera redenzione è un evento personale fra Gesù e gli uomini che egli ama. Consiste nell'amore di Gesù verso di noi, amore che c'è sempre stato, ma che si rivela per noi sulla croce nel modo più visibile ed efficace.

Nella storia dell'interpretazione della morte di Gesù – iniziata con il Nuovo Testamento, passando per le diverse teologie dei Padri della Chiesa, fino agli scritti dei teologi dell'epoca contemporanea – vengono utilizzate molte immagini. Gesù ci ha redenti dall'estraniamento da noi stessi e dalla nostra incapacità di amare.

Per i Greci, l'aspetto fondamentale è che Gesù ci abbia liberato dalla mortalità e dalla caducità. Per i Greci, redenzione significa che in Gesù Dio ha piantato il suo seme divino nella nostra natura mortale, perché prendiamo parte alla sua immortalità. Nell'evento della redenzione Dio è colui che agisce. Da lui viene la redenzione. Redime gli uomini, colmandoli con la vita divina che li sottrae alla caducità e inconsistenza.

L'incarnazione giunge a compimento sulla croce. Lì – così ci mostra il vangelo secondo Giovanni –, nel suo amore divino, Dio accoglie in Gesù tutto quello che è contro la divinità: la malvagità e la codardia degli uomini, la violenza e la crudeltà. Non c'è più nulla in noi che non sia stato toccato e guarito dall'amore divino. Mentre l'amore divino scorre in ogni oscurità e malvagità del nostro cuore, il male perde il suo potere su di noi. Tutto in noi viene trasformato da Dio.

Secondo altre interpretazioni, Gesù ci ha redento perché ha fatto luce nella nostra vita, perché ci ha mostrato il suo vero senso. Questa concezione era presente soprattutto nella gnosi – una dottrina segreta diffusa nell'antichità – che aveva una visione piuttosto negativa del mondo. Ma già nel vangelo secondo Giovanni Gesù dice di se stesso di essere la luce del mondo (cfr. Gv 8,12). Egli illumina il nostro essere uomini, perché, guariti dalla cecità, possiamo comprendere il nostro mondo e la nostra vita.

Questa posizione viene ulteriormente sviluppata dalla gnosi cristiana. La condizione dell'uomo viene da essa descritta come uno stato di ebbrezza o cecità. Gesù ci apre gli occhi e ci libera dall'ebbrezza nella quale possiamo vedere il mondo solo in modo distorto. Ci risveglia dal sonno e ci manda nel mondo con sguardo desto e limpido e ci fa riconoscere Dio in ogni cosa.

In Occidente abbiamo spesso considerato la redenzione esclusivamente come redenzione dal peccato. Nel buddhismo la redenzione è soprattutto redenzione dalla sofferenza, è venire strappati dal circolo della sofferenza. Oggi molte persone ritengono che la concezione buddhista sia più utile e più umana di quella cristiana, che si concentra soprattutto sulla redenzione dal peccato.

Come facciamo, allora, a spiegare la redenzione dal peccato in modo tale che venga vista come una buona novella? Prima di tutto dobbiamo osservare che sull'uomo pesano il peccato e il senso di colpa. Anche i buddhisti si sentono colpevoli quando non vivono in modo autentico, quando non realizzano la loro vera essenza. E molte persone oggi soffrono, perché si condannano da sole se non realizzano la propria idea di vita. Accusano se stesse se non seguono le proprie norme interiori, ma si lasciano guidare piuttosto dalla bramosia.

Nel buddhismo, la redenzione è soprattutto liberazione dalla bramosia. Questo è certamente un aspetto essenziale della redenzione. Ma come si rapportano gli uomini a se stessi, quando si sentono ancora prigionieri della bramosia? O quando, nonostante la prassi spirituale, percepiscono continuamente il proprio ego come fattore di disturbo e ostacolo sulla loro strada? O come affrontano la colpa concreta, se hanno tradito, se hanno mandato in rovina una famiglia intera mentendo per tutta la vita? È sufficiente dire che dovrebbero lasciare andare il loro ego per liberarsi dalla bramosia?

Ho visto spesso che coloro che pensavano di essere liberi da passioni terrene, in realtà hanno dato libero sfogo alle proprie esigenze in modo egocentrico. Hanno considerato la libertà interiore come riconoscimento con cui passare sopra agli altri. Ma in realtà non erano liberi. E ho visto che non riuscivano ad affrontare questa verità, altrimenti tutto l'edificio della loro vita sarebbe crollato. Sapere che Dio ci perdona incondizionatamente, che veniamo accolti da Dio con tutte le nostre peregrinazioni che non portano da nessuna parte, le nostre illusioni, la nostra falsità e cecità rappresenta un messaggio liberante del cristianesimo.

Il teologo evangelico Paul Tillich descrive il perdono come «accettare ciò che non è accettabile». Molte persone si sentono inaccettabili. E di questo non dobbiamo dare la colpa al cristianesimo. Il senso di colpa è legato piuttosto all'essere uomini. Il fatto che non dobbiamo «ripagare» la colpa, ma che possiamo credere di essere accettati da Dio quando rimaniamo indietro, siamo mediocri e codardi, nella nostra falsità e imbarazzo, è davvero un messaggio liberante.

Per molti cristiani il fatto di non dover trascinare sempre con sé la propria colpa, ma sapere che Gesù ha portato la nostra colpa e ce l'ha tolta rappresenta un'esperienza liberante. Si sentono liberi dai rimproveri a se stessi. Quando pensano alla propria colpa, guardano a Gesù e sanno che ha preso su di sé la loro colpa e l'ha portata fuori dal mondo. La colpa non ha più potere su di loro. È una sensazione liberante. Ma come dovremmo interpretare il fatto che Dio ci toglie la colpa?

Già nell'Antico Testamento Dio viene descritto come colui che toglie il peccato dal mondo. Il suo amore non fa il conto della colpa, ma la toglie.

Nel vangelo secondo Giovanni, il Battista descrive Gesù come l'agnello che toglie il peccato del mondo (cfr. Gv 1,29). In Gesù si fa visibile l'amore di Dio che toglie il peccato, amore che si è manifestato già a Mosè sul monte Sinai. Un aspetto importante dell'amore è che non tiene conto della colpa, ma la lascia essere così com'è in modo incondizionato, e in questo modo la porta contemporaneamente fuori dal mondo, perché non pesi più su di noi. Chi si sente amato in modo incondizionato, smette di tormentarsi con i sensi di colpa. L'esperienza dell'amore è più forte dell'esperienza di non essere all'altezza delle proprie aspettative. Sì, attraverso il fallimento l'amore dell'altro viene vissuto in modo ancora più profondo e grato.

L'amore di Dio che supera e toglie il peccato ha la massima visibilità sulla croce. Sulla croce si esprime nel modo più evidente la colpa degli uomini, la loro falsità, i loro intrighi, la loro codardia e violenza. La colpa umana si sfoga su Gesù, ma non ottiene nessun potere su di lui. Non lo attira a sé, ma è Gesù a trasformare la colpa mediante il suo amore. Gesù non permette che la colpa dei suoi assassini rimbalzi semplicemente su di sé esponendosi a questa colpa senza provare nulla, ma piuttosto fa penetrare questa colpa nel suo amore e in questo modo la spodesta. La colpa viene contemporaneamente «assorbita» dal suo amore e così portata fuori dal mondo.

Possiamo parlare del mistero della redenzione della colpa solo per immagini. L'aspetto decisivo è che queste immagini ci liberino e ci tolgano il peso: da tutti i rimproveri provocati dalla colpa, dalla proiezione della nostra colpa sugli altri e dall'obbligo a ripagare a poco a poco la nostra colpa, dando fondo a tutte le nostre risorse o punendoci a denti stretti e non concedendoci nulla.

Conosco molte persone che vivono costantemente nel rifiuto di se stesse e in questo modo si avvelenano la vita. Per loro l'annuncio della redenzione dalla colpa sarebbe liberante, terapeutico e rivitalizzante. Di nessun altro fondatore di religione possiamo dire che ci ha liberato dalla colpa, che ha assunto su di sé la nostra colpa eliminandola dal mondo. Questa è e rimane una particolarità del cristianesimo. E per molti uomini che si sentono invischiati nella colpa rappresenta il messaggio liberante per eccellenza.

Il teologo Perry Schmidt-Leukel sottolinea un ulteriore aspetto della redenzione dalla colpa. Ritiene che il diverso concetto di redenzione nel buddhismo e nel cristianesimo abbia origine in differenti esperienze fondamentali dell'essere umano. «Il buddhismo considera la sofferenza dell'uomo prima di tutto come una sofferenza soggetta alla caducità»[4]. Dovremmo liberarci da tutto ciò che è caduco per prendere parte a ciò che è immortale. Nel cristianesimo, la disgrazia dell'uomo consiste soprattutto «nelle relazioni andate in pezzi. Questo è il significato di fondo di "peccato"»[5].

La redenzione dal peccato significa, quindi, il ripristino di quella relazione con Dio e con gli uomini che era andata in pezzi. Dio è un di-fronte personale, un tu divino. Il suo amore è più forte del peccato e rimette in sesto la relazione interrotta fra sé e noi. La redenzione dal peccato e dalla colpa non sgorga, quindi, da una concezione pessimistica dell'uomo, ma dal desiderio di avere relazioni che funzionino. Solo all'interno di questa esperienza fondamentale e personale dell'uomo si può comprendere quanto la redenzione sia determinante per l'ebraismo e il cristianesimo.

[4] P. SCHMIDT-LEUKEL, *Buddhismus und Christentum. Ausdrucksgestalten und Kontexte unterschiedlicher Erfahrungen mit derselben transzendenten Wirklichkeit*, in R. KIRSTE - P. SCHWARZENAU - U. TWORUSCHKA (Hrsg.), *Wertewandel und religiöse Umbrüche* (Religionen im Gespräch 4), Zimmermann-Verlag, Balve 1996, pp. 301-325, qui p. 310.
[5] *Ivi*, p. 311.

Per la nostra fede cristiana è essenziale che ci abbia redento Gesù, una figura storica. La redenzione si riferisce, da un lato, al suo insegnamento, al suo modo specifico di affrontare la colpa e i sensi di colpa e di andare incontro agli uomini, che sono prigionieri di se stessi. Dall'altro, si fa esperienza della redenzione soprattutto al termine della sua vita, quando ha amato i suoi sino alla fine e si è donato per loro sulla croce, perché era incondizionatamente dalla loro parte.

E la redenzione è visibile nella risurrezione. Nella risurrezione si comprende che Gesù non è fallito nella morte, che il suo amore non è andato a vuoto e non è stato inutile. Nella risurrezione hanno trovato conferma la vita e l'amore di Gesù da parte di Dio. Per papa Benedetto XVI qui si trova l'essenza della risurrezione: «Essa è l'essere-più-forte-dell'amore sulla morte»[6].

Dato che Gesù ha conferito all'amore un valore superiore rispetto alla sua vita, il suo amore è stato più forte della morte. Si tratta di una promessa anche per noi. Anche per noi l'amore sarà più forte della morte. Anche noi nella morte non verremo esclusi dall'amore che abbiamo sperimentato da Dio e da Gesù Cristo. Anche l'amore verso un'altra persona non viene distrutto dalla morte. C'è qualcosa di divino nel nostro amore che non può venire dissolto dalla morte.

---

[6] J. RATZINGER, *Einführung in das Christentum*, cit., p. 249 (*Introduzione al cristianesimo*, cit., p. 292).

Come può un fatto storico redimerci? È solo l'esempio di Gesù che ci libera dalla prigionia del nostro io? Continuiamo a ricordarci di questo amore incondizionato di Gesù. E ricordandocene, ci sentiamo amati in modo incondizionato. Il ricordo ci porta a contatto con la redenzione mediante Gesù Cristo e le consente di agire nei nostri cuori.

Il ricordo ci mostra che siamo amati in modo incondizionato. Siamo così importanti per Dio, che ha mandato suo Figlio a mostrarci il suo amore divino e ha continuato ad amarci, anche quando gli uomini hanno cercato di dissuaderlo con la loro crudeltà. Per molti cristiani è liberante sapere di non dover ripagare la propria colpa. Mi viene condonata da Dio. La morte di Gesù mi rivela che, se Gesù sulla croce perdona i suoi assassini, allora non potrà attribuirmi nessuna colpa che non possa essere perdonata. Quindi la croce ci libera da tutti i rimproveri e le accuse che possiamo rivolgere a noi stessi. Si tratta di un aspetto essenziale della redenzione.

Ma l'effetto di un fatto storico non accade solo mediante il ricordo. Quello che è successo una volta ha un effetto e una diffusione nel nostro mondo, che non possono più essere cancellati. Albert Einstein ne è convinto: «Un pensiero che è stato espresso una volta non può più essere revocato». Analogamente, la vita di Gesù non può essere revocata.

Mediante il suo amore, che arriva a compimento sulla croce, in questo mondo è arrivato qualcosa che lo ha cambiato per sempre. Possiamo immaginarci come sarebbe stato il mondo se Gesù non fosse vissuto e non fosse morto per noi. Sicuramente ci sarebbe stata in esso più oscurità. La storia è stata trasformata mediante la vita e la morte storica di Gesù e la sua risurrezione. Ha preso un'altra svolta.

La tradizione ha cercato di spiegare ciò con il concetto di «sostituzione vicaria». Gesù ha assunto su di sé la colpa e l'ha sopportata per noi in modo vicario. Così, persino nei luoghi più oscuri di questo mondo, si è accesa una luce che lo illumina per sempre. Dove l'uomo vive in modo diverso, il mondo viene trasformato. Così il mondo è stato trasformato dalla vita e dalla morte di Gesù, o detto in modo teologico: è stato redento. Il modo in cui Gesù è morto in croce, senza amarezza, è penetrato nella coscienza degli uomini. Non appena cominciamo a pensarci, anche il nostro pensiero viene permeato dalla morte di Gesù in croce. Non lo si può cancellare dalle nostre riflessioni. L'amore di Gesù che supera la morte è un dato di fatto che l'uomo non può far finta di ignorare. Anche se lo nega o lo trascura, il suo inconscio ne è toccato in ogni caso.

Nella discussione seguita a una conferenza dedicata al tema della colpa e del perdono, ho percepito quanto il tema della colpa toccasse molte persone. Le madri si sentono in colpa, se non sono all'altezza dei figli.

I genitori legano a sé i figli con i sensi di colpa, dando loro l'impressione che si devono sentire in colpa, se i genitori stanno male. Molti non riescono a liberarsi dei propri sensi di colpa. Altri si tormentano, se non soddisfano le proprie aspettative: non sono capaci di perdonarsi di aver mostrato il proprio punto debole agli altri, di non riuscire a tenersi sotto controllo.

I sensi di colpa, che non sempre hanno a che fare con una colpa vera e propria, sono una realtà con cui ci dobbiamo confrontare. Alcuni affrontano i propri sensi di colpa in modo tale da finire o per *accusarsi* – e quindi per tormentare se stessi – o per *scusarsi*. Ma anche così non trovano pace. Devono continuamente cercare nuovi motivi per confermarsi di aver fatto tutto giusto.

Per me è liberante non dover continuamente girare intorno alla mia colpa. Ammetto la mia colpa e la consegno all'amore di Dio. Nel fare questo è importante lo sguardo alla croce. La croce mi dice che non c'è nessuna colpa che non venga perdonata. L'amore di Dio che toglie tutti i peccati, che si rivela nella morte di Gesù, è più forte dei miei sensi di colpa. Smetto di accusarmi o di scusarmi. Guardo alla croce di Gesù e so di venire amato in modo incondizionato. Non devo ripagare la mia colpa. Mi viene tolta. Posso stare davanti a Dio come sono, con tutte le mie mancanze, il mio carattere chiuso, la mia codardia e falsità. Mi immergo nell'amore che perdona di Gesù sulla croce e mi sento purificato e puro. Nonostante la mia colpa sono in armonia con me stesso, perché l'amore di Dio, che riconosco nello sguardo di Gesù sulla croce, è più grande della mia colpa.

Per molti uomini non è la colpa a tormentarli. Si sentono travagliati interiormente. O sono in preda a coercizioni. Non riescono a evadere dalla prigionia delle proprie rappresentazioni ossessive. Sostenere che Gesù ha liberato anche loro dalle coercizioni sarebbe troppo facile. Non li aiuta.

Tuttavia, potrebbe essere d'aiuto a costoro mettersi davanti alla croce con le proprie coercizioni e meditare sul mistero della croce. Forse verranno illuminate dal pensiero che Gesù sulla croce ha fatto saltare le catene strette della nostra esistenza umana. Lì dove la morte ci ha in pugno è stata superata l'angustia della morte. Quando medito, le coercizioni perdono il loro potere assoluto su di me. Quando vengo assalito da vere coercizioni, la meditazione della croce non mi risparmierà nessuna terapia, ma i miei pensieri normalmente ossessivi verranno spodestati.

Tutti conosciamo una forma di prigionia: è la prigionia del proprio ego. Vorremmo affidarci alla vita e alle persone e amarle, perché sentiamo che solo una vita plasmata dall'amore vale davvero la pena di essere vissuta.

E contemporaneamente vediamo che in tutto quello che facciamo continuiamo a girare intorno a noi stessi: il nostro buon nome presso gli altri, il nostro benessere. Anche quando vogliamo essere generosi, il nostro ego ci ostacola. Soffriamo per il fatto che questo ego continua a chiedere la parola e distorce il nostro dono e il nostro amore.

Lo sguardo alla croce ci può liberare dalla prigionia interiore dell'ego. Lì vediamo che Gesù lascia andare se stesso, il suo successo, il suo aspetto, la sua forza, la sua bellezza, semplicemente tutto, per gettarsi fra le braccia misericordiose di Dio. I suoi avversari lo sbeffeggiano sulla croce. Gesù lascia perdere tutti i tentativi di autogiustificazione e si rivolge solo al Padre: «Padre, nelle tue mani raccomando il mio spirito» (Lc 23,46).

La meditazione della croce scioglie i legami del mio ego. Avverto la libertà interiore di affidarmi a Dio e di donarmi per gli uomini. Nel vangelo secondo Giovanni, Gesù interpreta il lasciarsi andare nella morte come legge di vita anche per noi cristiani. «Se il grano di frumento, caduto per terra, non muore, resta esso solo. Ma se muore, porta molto frutto» (Gv 12,24). La nostra vita non porterà frutto se non impariamo da Gesù sulla croce a lasciarci andare, a rinunciare alla nostra vecchia identità, a lasciar morire il nostro ego. Senza la morte dell'io non ci sarà la risurrezione in una nuova fecondità.

Ma la morte dell'io non significa annullare l'ego. Quest'ultimo deve essere solo spodestato. Solo allora la vita divina potrà fluire in noi e portare molto frutto.

7

LA NUOVA ETICA

Quando prendiamo in considerazione la dimensione etica del cristianesimo, dobbiamo fare attenzione a non sentirci superiori nei confronti degli altri. Anche nelle altre religioni viene praticato un comportamento davvero umano. E noi stessi, in quanto cristiani, siamo ben lontani dal praticare pienamente i comandamenti fissati da Gesù. Non mettiamo in pratica quello che Gesù ha annunciato nel discorso della montagna. E, tuttavia, nel dialogo con le altre religioni possiamo testimoniare con gratitudine che Gesù si presenta come colui che annuncia una nuova etica.

Hans Küng porta avanti da anni il suo progetto «Etica mondiale», ritenendo che proprio le religioni possano dare un contributo importante al progetto[1], perché nelle religioni non si esprimono solo posizioni umane. Le religioni ci

---

[1] Cfr. H. KÜNG, *Weltethos für Weltpolitik und Weltwirtschaft*, Piper, München 1997 (*Etica mondiale per la politica e l'economia*, trad. it. di C. Danna, Queriniana, Brescia 2002).

mostrano piuttosto il motivo in base al quale dovremmo comportarci in modo umano e dovremmo amare il prossimo invece di combatterlo.

In quanto cristiani, invece di porci su un piano superiore rispetto agli altri, dovremmo rielaborare insieme con le altre religioni l'ethos di cui l'umanità ha bisogno oggi, nell'epoca della globalizzazione, per poter vivere per sempre nella pace, nella giustizia e nel rispetto del creato.

Da un lato, gli scritti neotestamentari e i primi Padri della Chiesa hanno collocato l'etica cristiana al di sopra dell'etica che trovavano nel contesto in cui vivevano. Per tale motivo la seconda lettera di Pietro ritiene che l'aspetto essenziale del cristianesimo sia l'essere stati strappati alle passioni e alla corruzione che dominano il mondo (cfr. 2Pt 1,4). E anche la lettera di Tito ritiene che, prima di conoscere Cristo, la caratteristica degli uomini fosse quella di essere «asserviti a concupiscenze e voluttà d'ogni genere» (Tt 3,3), di farsi odiare e odiarsi reciprocamente. «Quando però apparve la benignità del Salvatore nostro Dio e il suo amore per gli uomini, egli ci salvò» (Tt 3,4-5).

Dall'altro lato, gli autori del Nuovo Testamento integrano l'etica filosofica che hanno conosciuto soprattutto nella filosofia stoica. Paolo accoglie negli orientamenti per la vita cristiana e negli elenchi di virtù i valori e le virtù della Stoà. I cristiani, quindi, non si comportavano in modo del tutto diverso dai loro contemporanei, ma si distinguevano piuttosto perché vivevano in modo esemplare le virtù che i sapienti del loro ambiente esigevano. Così Paolo ammonisce i Filippesi: «Quanto c'è di vero, nobile, giusto, puro, amabile, lodevole; quanto c'è di virtuoso e merita plauso, questo attiri la vostra attenzione» (Fil 4,8). In quanto cristiani, dovrebbero mostrare all'ambiente in cui vivono che realizzano l'immagine ideale di uomo delineato dalla filosofia greca e per questo sono persone esemplari.

Gesù ha collegato in modo nuovo amore di Dio e amore del prossimo. Questo legame è stato messo in risalto in modo chiaro da papa Benedetto XVI nella sua prima enciclica. L'amore di Dio rende possibile l'amore del prossimo: «Esso consiste appunto nel fatto che io amo, in Dio e con Dio, anche la persona che non gradisco o neanche conosco. Questo può realizzarsi solo a partire dall'intimo incontro con Dio, un incontro che è diventato comunione di volontà arrivando fino a toccare il sentimento. Allora imparo a guardare quest'altra persona non più soltanto con i miei occhi e con i miei sentimenti, ma secondo la prospettiva di Gesù Cristo»[2].

L'amore del prossimo possiede sempre anche una componente politica. Non si tratta solo di preoccuparsi di chi soffre, ma di lottare anche per le giuste strutture nella società, benché non sia mai raggiungibile la giustizia

---

[2] BENEDETTO XVI, Lettera enciclica *Deus caritas est*, n. 18.

piena. «Non c'è nessun ordinamento statale giusto che possa rendere superfluo il servizio dell'amore. Chi vuole sbarazzarsi dell'amore si dispone a sbarazzarsi dell'uomo in quanto uomo»[3].

I Padri della Chiesa hanno derivato la superiorità del cristianesimo nei confronti dell'etica delle altre culture e religioni soprattutto dal comandamento dell'amore per il nemico. Tuttavia, oggi dobbiamo essere sinceri a questo proposito. Anche nelle altre religioni è presente il comandamento dell'amore per il nemico. E già all'epoca di Gesù la filosofia greca – in particolare la Stoà – predicava l'amore per tutti gli uomini, perché tutti prendono parte alla discendenza divina.

Tuttavia, Gesù non si è semplicemente servito dell'ideale greco dell'amore universale per gli uomini, ma parla consapevolmente *dei nemici*. Il suo comandamento dell'amore per il nemico è una conseguenza della sua immagine di Dio. Dio stesso fa splendere il sole sui buoni e sui cattivi. E l'amore di Dio per tutti gli uomini si rivela nel messaggio di Gesù sulla venuta del regno di Dio.

Gesù non solo ha raccomandato in modo particolare l'amore per il nemico, ma lo ha anche vissuto fino in fondo, fino alla morte in croce. Gesù non è stato un maestro

---

[3] *Ivi*, n. 28b.

che si è limitato ad annunciare una dottrina nuova, ma l'ha sostenuta con tutta la sua esistenza. L'ha confermata mediante la sua vita.

L'amore per il nemico ha certamente contraddistinto i cristiani, ma non possiamo dire di essere gli unici che lo hanno messo in pratica. Tuttavia, possiamo essere grati per gli esempi forniti da cristiani, che hanno praticato l'amore per il nemico in modo esemplare e spesso hanno pagato con la morte. In loro continua a brillare lo Spirito di Gesù nella storia.

Car_____ana, tuttavia, è il col-
lega_____nento e la persona di
Gesù_____tro, perché in lui o lei
vedia_____sù. E dovremmo amarlo, pe_____Cristo stesso.

Quest_____egato in modo chiaro da
Gesù sopra_____ secondo Matteo, in cui il re, durante il giudizio finale, così parla agli uomini alla sua destra: «Ebbi fame e mi deste da mangiare, ebbi sete e mi deste da bere, ero pellegrino e mi ospitaste, nudo e mi copriste, infermo e mi visitaste, ero in carcere e veniste a trovarmi» (Mt 25,35-36).

Qui vengono tolti i confini all'amore. Non solo i cristiani, ma tutti gli uomini vanno amati – che siano devoti o meno, fratelli nella fede o meno –. Dall'altro lato, l'amore del prossimo è legato alla persona di Gesù. In ogni uomo incontriamo Cristo stesso, soprattutto nei disprezzati e nei poveri. Questo testo del vangelo secondo Matteo ha da sempre colpito tanto filosofi, come Immanuel Kant, quanto molti atei, nonché i teologi della liberazione. Il testo è diventato importante anche nel dialogo con le altre religioni. L'amore che Gesù richiede ai cristiani vale per tutti gli uomini, che siano cristiani o non. E viceversa vale lo stesso principio: chi dimostra sempre amore agli altri, non solo mette in pratica il comandamento di Gesù, ma incontra in altri uomini Gesù Cristo, anche se non ha mai sentito parlare di lui.

Klaus Berger definisce il testo «una testimonianza di universalismo paleocristiano»[4]. «Parla della salvezza degli uomini, di tutti gli uomini, in modo del tutto indipendente dalla loro religione»[5]. La salvezza degli uomini non è legata alla professione di fede in Gesù Cristo, ma al loro comportamento nei confronti proprio dei poveri e degli affamati, di chi è nudo e prigioniero. «Nel testo l'aspetto rivoluzionario è lo spostamento della presenza di Dio dal tempio ai mendicanti e agli umili, ai più poveri e afflitti di questo mondo»[6].

Anche se il testo del vangelo secondo Matteo presenta molti parallelismi negli scritti apocalittici dell'ebraismo

---

[4] K. BERGER, *Ist Christsein der einzige Weg?*, Quell Verl., Stuttgart 1997, p. 32.
[5] *Ivi*, p. 29.
[6] *Ivi*, p. 31.

dell'epoca, nell'ambiente di allora non si trova un'identificazione diretta del giudice del mondo con i più poveri di questo mondo. L'identificazione è tipica del messaggio di Gesù.

Gerhard Lohfink, che ha svolto ricerche approfondite su questo brano, riconosce anche un altro aspetto che solo da Gesù è stato annunciato in questa forma: decisiva per il regno di Dio non è l'appartenenza a Israele (o alla Chiesa), «ma il comportamento retto verso gli affamati, i miseri, chi è nudo, malato è prigioniero»[7]. Quello che Gesù ci annuncia qui è un modo di vedere dai confini ampi: chi si comporta sempre in modo giusto nei confronti dell'uomo, incontra Gesù stesso e partecipa della sua salvezza.

Nella richiesta di carattere etico di Gesù viene confermato ancora una volta quello che è stato rinnovato dalla sua incarnazione nel mondo. In quanto Gesù si è fatto uomo, ogni uomo ha ottenuto dignità divina. Ogni uomo è toccato dall'incarnazione di Dio e colmato di vita divina. Per questo motivo, in ogni uomo incontriamo il volto di Gesù Cristo, che si rivela in lui. E tutto ciò che facciamo a un altro, tocca in ultima analisi Cristo.

Anche in altre religioni troviamo l'etica di Gesù in forma simile. E possiamo senz'altro considerare Gesù un maestro di sapienza, che unisce in sé la sapienza di

[7] G. Lohfink, *Universalismus und Exklusivität des Heils im Neuen Testament*, in W. Kasper (Hrsg.), *Absolutheit des Christentums*, Herder, Freiburg i.B. 1977, pp. 63-82, qui p. 78.

Occidente e Oriente e che ci ammaestra in un modo che viene riconosciuto anche dalle altre religioni. Ma Gesù ha collegato alla sua persona anche un nuovo modo di comportarsi. Dovremmo amare gli uomini e preoccuparci per loro, perché, in ultima analisi, in loro incontriamo Gesù stesso.

Ma come facciamo a metterlo in pratica, dato che Gesù è vissuto duemila anni fa? Tuttavia, quello che egli ha vissuto è presente in ogni uomo. Gesù ci apre gli occhi alla dignità inviolabile di ogni uomo e ci mostra che in ogni uomo riconosciamo il volto di Gesù.

San Benedetto ha concretizzato il messaggio di Gesù sollecitando i monaci a vedere Gesù in ogni uomo. Per Benedetto questo significa non bloccare l'altro alla sua immagine esteriore, ma guardare oltre la facciata e scoprire il vero nucleo: il nucleo buono, la scintilla divina, infine l'immagine di Gesù, che si rivela in ogni uomo. Questo atteggiamento conduce a un nuovo modo di rapportarsi reciprocamente, plasmato dal rispetto profondo e dalla fede, che non si arrende mai, che persino in un criminale vede il nucleo buono e lo vorrebbe lasciare emergere.

Senza guardare le altre religioni dall'alto in basso, possiamo tuttavia notare che nella sequela di Gesù il cristianesimo ha sviluppato una sensibilità particolare per i poveri e gli emarginati. Ha vissuto in modo esemplare una nuova sensibilità verso coloro che contano di meno in questo mondo.

Anche nel buddhismo si trova la compassione verso tutti gli uomini, ma tale compassione rimane per lo più nel cuore del singolo, non porta in modo inequivocabile all'azione, così come per secoli è stata vissuta dall'amore cristiano del prossimo.

Nella nostra epoca, la teologia della liberazione ha sottolineato con una nuova consapevolezza questo aspetto dell'azione e della solidarietà cristiana. Proprio nell'epoca del «capitalismo selvaggio» e dell'assolutizzazione del mercato e delle sue leggi, il cristianesimo, esortando a vedere Cristo nei poveri e negli affamati, svolge un compito importante. Non dobbiamo portarlo avanti contro le altre religioni, ma insieme con esse.

Insieme dovremmo mantenere viva l'attenzione verso coloro che non portano niente alle casse dello Stato. Se vale solo il diritto del più forte, il mondo cesserà di essere abitabile. Allora i più deboli si ribelleranno in modo violento e pretenderanno i loro diritti. Il comandamento cristiano della solidarietà e dell'amore per il nemico è oggi più moderno che mai. Senza amore per il nemico – lo riconosciamo nell'epoca del terrorismo – l'umanità non potrà sopravvivere.

Ma come posso praticare concretamente l'amore per il nemico in questo tempo? Questo comandamento non pretende davvero troppo da me? Come faccio ad amare colui che sparla di me in azienda, che ordisce intrighi contro di me o mi fa la guerra direttamente? Come fa una sorella ad amare il fratello che dopo la morte dei genitori la attacca ingiustamente e vorrebbe mettere in discussione l'eredità?

L'amore per il nemico non significa dover accettare tutto, ma esige che non mi lasci trasformare dall'altro in un nemico. Non devo ricambiare l'ostilità. Quando ricambio l'ostilità, mi ritrovo a lottare costantemente contro l'altro. E allora si impone il diritto del più forte.

Ma quando dietro al nemico riconosco la sua lacerazione interiore, allora non prendo il suo comportamento ostile in modo troppo personale. Avverto che mi deve fare la guerra, perché in effetti sta lottando con se stesso, perché non riesce ad accettare molte cose di sé. Nell'altro vedo colui che soffre a causa di se stesso. Per Gesù, amarlo significa prima di tutto pregare per lui e benedirlo. Gli auguro che ritrovi l'armonia con se stesso, che trovi la pace interiore.

Posso farlo solo quando non mi lascio coinvolgere nell'ostilità. Ho bisogno di una distanza interiore dal nemico. Solo allora posso benedirlo e augurargli di rinunciare all'ostilità contro se stesso e, in questo modo, diventare pienamente uomo. L'amore per il nemico mi colmerà a lungo con la pace interiore, perché nel mio intimo vengo colmato dall'ostilità dell'altro. In ultima analisi, fa bene anche a me, anche se è difficile. Mi sento libero e in questa libertà posso affrontare amorevolmente in modo più chiaro e obiettivo colui che mi assilla in modo ostile, senza lasciarmi monopolizzare o imporre da lui le regole del gioco.

Riusciamo ad amare il nemico quando il nostro vero motivo risiede in Dio e non nel giudizio degli uomini. E nell'amore verso il nemico prendiamo parte a Dio, «il quale fa sorgere il suo sole sui cattivi come sui buoni e fa piovere sui giusti come sugli empi» (Mt 5,45). In questo modo l'amore verso il nemico è, in ultima analisi, espressione della nuova immagine di Dio che Gesù ci annuncia. Gesù non solo annuncia il Dio totalmente altro, ma vive in modo esemplare l'amore per il nemico. Nella sua morte in croce esercita fino in fondo la non violenza e l'amore per il nemico, e proprio per questo il mondo diventa più luminoso e più redento.

Ho compreso che l'amore per il nemico è estremamente attuale quando ho saputo dell'atto di terrorismo dell'11 settembre 2001. Inizialmente in me sono venuti a galla pensieri di vendetta, il desiderio che i terroristi venissero eliminati. Ma contemporaneamente ho avvertito che i pensieri di vendetta avrebbero solo peggiorato la situazione, perché la vendetta avrebbe provocato una lotta fra le religioni e le culture, che avrebbe portato solo sventura nel mondo.

In quel momento ho compreso quanto sia importante oggi l'amore per il nemico proprio nella sua valenza politica. Non possiamo lasciarci bollare come nemici a causa di atti di terrorismo. Dobbiamo continuare a praticare l'amore verso tutti gli uomini. Questo non significa che non dobbiamo combattere il terrorismo, ma non possiamo lasciarci trascinare dall'odio. Solo con un cuore che concede una possibilità a ogni uomo, possiamo trovare nel mondo una strada per affrontare la violenza e il terrore. Dobbiamo prima di tutto comprendere l'odio dei terroristi per superarlo con l'amore e la limpidezza.

Non basta che noi cristiani siamo orgogliosi del comandamento dell'amore per il nemico. L'evangelista Matteo interpreta il discorso della montagna in modo tale che attraverso il comportamento dei cristiani la luce che si rivela in Gesù illumini il nostro mondo. Per tale motivo l'amore per il nemico è una richiesta permanente a noi cristiani a lasciarci guidare dallo Spirito di Gesù.

La storia della Chiesa ci mostra purtroppo esempi sufficienti del fatto che i cristiani hanno, sì, predicato l'amore verso il nemico, ma hanno anche agito con violenza contro coloro che professavano una fede diversa. Il messaggio dell'amore verso il nemico rappresenta, quindi, una sfida permanente a continuare a lavorare su di noi e a modificare ogni giorno il nostro comportamento orientandolo allo Spirito di Gesù. Questo atteggiamento ha inizio nei conflitti quotidiani. L'amore per il nemico significa non vedere mai l'avversario come nemico da abbattere, ma scendere in campo in modo corretto per risolvere un conflitto in modo tale che diventi una benedizione per tutti.

L'amore per il nemico è richiesto per esempio anche in azienda quando noto che si complotta contro di me: se mi sento figlio o figlia di Dio, allora mi rendo contro degli intrighi, ma non mi lascio impressionare da loro. Lascio gli intrighi all'altro. L'amore per il nemico è, in ultima analisi, una via verso la libertà e l'autonomia interiore. In quanto figlio o figlia di Dio ho in Dio il mio fondamento. Per questo posso comportarmi di fronte agli altri in modo generoso, così come fa Dio con i buoni e i malvagi, i giusti e gli ingiusti. E nell'amore per il nemico farò già esperienza del prendere parte alla vita di Dio.

Matteo afferma che colui che pratica l'amore per il nemico è perfetto come è perfetto il Padre celeste (cfr. Mt 5,48). In questo versetto si esprime l'unità di preghiera e azione, di mistica e politica. L'esperienza mistica dell'unità con Dio porta a comportarsi in modo diverso. E il nuovo modo di comportarsi continua a fondarsi nell'esperienza dell'unità con Dio, che possiamo sperimentare nella preghiera.

SPIRITUALITÀ CRISTIANA

La spiritualità cristiana possiede molti elementi presenti anche in altre spiritualità, – come quella buddhista, indù, ebraica o sufi. Anche nella spiritualità cristiana si trova la meditazione, mediante la quale ci muoviamo verso l'interiorità per giungere nel fondo dell'anima e lì trovare Dio. I cristiani non hanno inventato la meditazione, ma l'hanno trovata già nel III secolo nelle scuole pitagoriche o nei circoli sacerdotali egizi. E hanno portato avanti quello che hanno imparato alla scuola di Israele: meditare la parola di Dio, lasciarla scendere nel cuore, legare se stessi alla parola di Dio, perché plasmi il comportamento, pervada il pensiero e infine determini anche i sentimenti.

Molte religioni conoscono la cosiddetta preghiera mantrica, nella quale il respiro viene legato a una parola sacra. Nelle varie religioni è solo l'elaborazione di questa tecnica a essere differente. Nel cristianesimo si medita consapevolmente una parola della Sacra Scrittura secondo il ritmo del respiro. Molto amata è la cosiddetta preghiera di Gesù. È diventata anche la mia forma personale di meditazione. All'ispirazione lego l'invocazione «Signore Gesù Cristo» e mi immagino che l'amore di Gesù fluisca nel mio cuore e mi colmi di calore. Espirando dico piano le parole «Figlio di Dio, abbi pietà di me!». Lascio scorrere nel mio cuore lo Spirito di Gesù, lo Spirito di misericordia e di amore; e in questo modo lo lascio scorrere in tutti i pensieri e sentimenti che continuano a oscurare il mio cuore.

La preghiera di Gesù è per me una via concreta per vivere sempre di più a partire dallo Spirito di Gesù. Mi conduce nello spazio del silenzio, che è colmo dello Spirito di Gesù. Non si tratta di uno spazio vuoto, ma di uno spazio plasmato dall'affetto e dalla tenerezza di Gesù.

Nel cristianesimo si trovano pratiche ascetiche, analogamente al buddhismo e all'induismo. Il digiuno e la rinuncia sono strade verso la libertà interiore. Anche nel cristianesimo lo scopo è diventare liberi dal dominio del mondo, diventare liberi dalla bramosia e dalla dipendenza. Dio dovrebbe guadagnare spazio nel cuore dell'uomo, e non la bramosia delle cose.

In molte religioni anche il silenzio ha un grande valore. Nel silenzio ci apriamo al Dio indicibile e incomprensibile. Talvolta nel silenzio possiamo fare esperienza dell'unità con Dio. Il silenzio ci aiuta a stabilire un legame con i credenti di altre religioni. Quando cristiani, buddhisti e musulmani stanno insieme in silenzio di fronte a Dio, percepiscono un'unica unità interiore.

Nel silenzio lo scopo non sono tanto le parole, l'aver ragione, ma l'esperienza di Dio. Naturalmente ciascuno interpreterà questa esperienza sulla base della propria religione. Ma le diverse esperienze rivelano per lo meno una grande similitudine. Proprio sul terreno della spiritualità le diverse religioni possono imparare molto le une dalle altre, dato che ogni cultura e ogni religione ha fatto le proprie esperienze. E contemporaneamente c'è grande concordanza fra i più importanti percorsi ascetici e mistici. Qual è, dunque, la caratteristica specifica della spiritualità cristiana?

Anche qui vale il presupposto che la spiritualità cristiana è legata alla persona di Gesù Cristo. Il suo scopo è far sì che diventiamo sempre più permeabili allo Spirito di Gesù Cristo. Questo significa che noi siamo in Cristo e che Cristo è nel nostro comportamento, nel nostro parlare e tacere e nella nostra irradiazione nel mondo. Perché Cristo possa rivelarsi in noi, è necessario lo stesso percorso spirituale del lasciarsi andare e della morte dell'io, di cui ad esempio parlano anche il buddhismo e l'induismo. Ma la via cristiana verso la permeabilità si distingue da quella delle altre religioni.

133

Vorrei spiegarlo con l'esempio del silenzio, un aspetto centrale di molte religioni. Il buddhismo mira – per esempio nella meditazione zen – immediatamente al silenzio. Tutte le immagini e tutti i pensieri dovrebbero essere abbandonati. Non sono importanti. L'uomo dovrebbe svuotarsi di immagini e pensieri e sentimenti. Nel puro vuoto l'uomo diviene uno con Dio. Nella spiritualità cristiana, al contrario, la via passa per la parola e l'immagine verso il silenzio privo di parole.

La parola – così sostiene Isacco di Ninive – mi apre la porta al mistero senza parole di Dio. Dio mi parla. Ho la sua parola come traccia nel mio cuore. Ma Dio va al di là anche delle parole. Si può trovare nel puro silenzio, in cui lasciamo andare tutte le immagini e le parole su Dio.

I mistici cristiani hanno descritto con immagini differenti lo spazio interiore del silenzio. Per Meister Eckhart, lo spazio del silenzio è la cosa più preziosa nell'uomo. Nello spazio interiore del silenzio Dio stesso nasce in noi. I Padri della Chiesa descrivono questo spazio come il santissimo. Lì abita Dio, il Santo, che santifica ogni cosa in noi. Nello spazio sacro entriamo in contatto con il nucleo sacro, originario, intatto e puro, così come è stato creato da Dio. Questo nucleo non viene intaccato nemmeno dal peccato. Per questo la via del silenzio è sempre anche una via di guarigione e di liberazione, una via verso Dio e una via verso il nostro vero sé.

Anche Evagrio Pontico ammonisce i monaci a non rimanere legati ai sentimenti o alle immagini durante la preghiera, altrimenti percepirebbero il «fumo» invece del «fuoco». Diventare uno con Dio significa, tuttavia, diventare uno con il fuoco, che ci permea del tutto e ci trasforma. Così scrive Evagrio: «Sta' al tuo posto di guardia, custodendo il tuo intelletto dai pensieri nel tempo della preghiera, sì che esso resti nella tranquillità che gli è propria, perché Colui che ha compassione degli ignoranti venga a visitare anche te, allora riceverai un dono di preghiera davvero glorioso»[1].

Spesso l'ebraismo e, di conseguenza, anche il cristianesimo sono stati descritti come «religioni del libro». Si tratta sicuramente di un giudizio unilaterale, in cui è presente una parte di vero: la parola e il linguaggio svolgono nel cristianesimo un ruolo importante. La parola di Dio, che pronunciamo, che cantiamo, è qualcosa di sacramentale, in cui Dio stesso ci tocca e apre il nostro cuore al suo mistero. Nella parola si apre per noi il cuore di Dio. E la parola esige una risposta.

Nella parola si mira già a un evento personale. Io dico una parola a un altro. Lo tocco con la mia parola. Mi apro nella parola e con la voce, per incontrare l'altro. Nella parola la persona mi viene incontro sempre nella sua unicità.

---

[1] EVAGRIUS PONTICUS, *Praktikos. Über das Gebet*, Übers. u. Einl. v. J.E. Bamberger, aus d. Engl. übers. v. G. Joos, Vier-Türme-Verlag, Münsterschwarzach 1986, p. 103 (*La preghiera*, trad. it. di F. Messana, Città Nuova, Roma 1994, p. 107).

Le parole sono sempre dense di emozioni. Per questo i cristiani e gli ebrei conoscono una relazione emotiva con Dio. Dio tocca il mio cuore. Mi colma con il sentimento di amore, affetto, benevolenza e pace. Nella parola della Bibbia Dio ci viene incontro. Nelle molte parole della Bibbia Dio ci appare come il Di-Fronte, come il tu che ci interpella. Le parole lasciano riecheggiare la persona nel nostro cuore.

Le parole creano una realtà. E vale anche il contrario: senza parole la realtà rimane fuori dalla nostra portata. Le parole della Bibbia creano una realtà propria, uno spazio, in cui Dio, il mistero indicibile e indescrivibile, ci si presenta e riecheggia come persona.

Quando diciamo e cantiamo la parola di Dio, Dio realizza in noi la sua salvezza. Le parole della Bibbia sono *parole di guarigione*, che vogliono penetrare sempre più in profondità nel nostro cuore. La parola della Scrittura non vuole solo essere meditata. Deve anche essere continuamente annunciata, perché l'azione terapeutica di Dio in Gesù Cristo tocchi anche oggi gli uomini.

L'apostolo Paolo è convinto che l'agire storico e riconciliante di Dio nella morte e nella risurrezione di Gesù abbia bisogno della parola per raggiungere gli uomini (cfr. 2Cor 5,19). Per tale motivo la predicazione svolge un ruolo essenziale nel compimento della riconciliazione. Nell'ascoltare la parola di Dio, si realizzano in noi il suo sì e le sue promesse. La parola ci apre gli occhi alla vera realtà. Ci mostra che Dio è l'Emanuele – il Dio con noi – che ora ci parla e ci indica nella sua parola la via verso la vita vera.

Il cristianesimo, tuttavia, non ama solo la parola, ma anche le immagini, che la Bibbia e la liturgia ci mettono davanti agli occhi. Le immagini aprono le porte a Dio. Spalancano il nostro cuore a Dio. Le immagini toccano le nostre emozioni. E giungono fino al nostro inconscio. Le immagini aprono il nostro inconscio a Dio, così Dio può permeare ogni cosa in noi. E le immagini hanno una funzione terapeutica su di noi.

Il cristianesimo ha sempre espresso la sua fede per immagini. Gesù stesso ci parla per immagini. Nell'immagine riconosciamo quello che siamo veramente. Ogni uomo porta con sé immagini interiori. Dalle immagini dipende il modo in cui si sente. I malati hanno spesso immagini negative di sé. Quanto più lasciamo entrare dentro di noi immagini negative, tanto più ci ammaliamo. Le immagini che Gesù ci presenta nelle parabole, hanno un effetto terapeutico. Ci mostrano chi siamo in realtà. In immagini sempre nuove Gesù nelle parabole ci dice che Dio abita in noi e che permea la nostra realtà con la sua luce e il suo amore.

Le immagini della Bibbia vogliono «annidarsi» in noi per permeare il nostro corpo e la nostra anima, il conscio e l'inconscio, e colmarci della salvezza di Dio. Oggi l'uomo viene messo a confronto con molte immagini negative dall'esterno, non solo immagini di violenza, ma anche immagini irrealistiche di un culto eccessivo della bellezza o di aspettative smisurate nei propri confronti e in quelli degli altri. Tali immagini hanno un effetto distruttivo sull'uomo. Gli danno la sensazione di valere poco, se non corrisponde a questi ideali. Le immagini di violenza, al contrario, si fissano nell'anima, dove fanno aumentare la paura.

Accanto alle molte immagini della Bibbia, che ci aprono una finestra e attraverso le quali riconosciamo la nostra vera essenza, ci sono le molte immagini che gli artisti hanno dipinto per farci avvicinare al mistero della fede cristiana. Nel fare questo le immagini non hanno solo un intento pedagogico. Nelle immagini intravediamo il mistero di Dio, che si trova al di là di ogni immagine. Nelle immagini Dio si annida nella nostra anima.

Ci basta vedere le belle immagini natalizie. Quasi non riusciamo a comprendere il mistero del Natale senza immagini. Guardando il Bambino nel presepio – Maria che piega le mani per adorare il Bambino, o incrocia le mani sul petto, per conservare l'evento dentro di sé e meditare, i pastori che volgono i loro duri volti al Bambino e nel fare questo diventano più miti e felici – ci sentiamo diversi. Facciamo in qualche modo esperienza del mistero dell'incarnazione di Dio, anche in noi stessi. Nelle immagini la salvezza si annida dentro di noi. In questo modo il Bambino nella mangiatoia provoca anche in noi una trasformazione interiore.

Lo stesso vale per le molte immagini create nella tradizione orientale. Le icone della Chiesa orientale, per esempio, sono immagini sacre che non vanno osservate da spettatore, ma in modo tale da diventare uno con l'immagine che si osserva. In Occidente, ogni epoca ha creato immagini diverse e ha collocato l'evento di allora nella situazione del momento presente, perché l'evento avvenga oggi per noi e dispieghi per noi la sua efficacia.

Le molte immagini che gli artisti cristiani hanno creato nel corso dei secoli rappresentano una grande ricchezza. L'ebraismo e l'islam rigettano del tutto le immagini. Ma se l'uomo non può esprimere mediante immagini i suoi sentimenti per Dio, i sentimenti cercano altre strade.

Una spiritualità priva di immagini corre sempre il rischio di divenire aggressiva. Le immagini trasformano le aggressioni e le emozioni. Il cristianesimo si è conquistato a fatica le immagini. Il divieto delle immagini presente nell'Antico Testamento è stato ripreso durante la cosiddetta guerra contro le immagini – iconoclastia – nell'VIII secolo per introdurre anche nel cristianesimo la condanna delle immagini. I sostenitori delle immagini si richiamavano alla lettera ai Colossesi, che definisce Gesù Cristo «l'immagine del Dio invisibile» (Col 1,15).

ANSELM GRÜN

Il pittore russo Vasilij Kandinskij (1866-1944) definisce la pittura un «linguaggio che si rivolge all'anima
solo nella forma propria delle cose, che per l'anima rappresentano "il pane quotidiano", cose che l'anima può
accogliere solo in questa forma»[2]. Là dove le immagini
vengono proibite, l'anima umana viene lasciata da sola.
Oggi lo riconosce anche la Chiesa evangelica. Nella lotta
iconoclastica dell'Illuminismo si è privata di un tesoro
importante. Oggi i teologi evangelici al pari dei teologi
cattolici sentono che l'uomo ha bisogno delle immagini
per essere salvato.

La tradizione cristiana ha prodotto meravigliose immagini per la meditazione, come l'immagine di Giovanni che appoggia il capo in grembo a Gesù, che rappresenta il nostro desiderio di amare e di essere amati,
o la Pietà, che rappresenta il nostro dolore e contemporaneamente lo trasforma. Le immagini fanno parte
in modo essenziale della spiritualità cristiana. Sono
espressione dell'incarnarsi di Dio in Gesù Cristo. Naturalmente ci dobbiamo sempre ricordare che le immagini
sono «finestre», attraverso le quali guardiamo a Dio
oltre ogni immagine. Non possiamo fissare Dio o anche
noi stessi alle immagini. Esse aprono il nostro spirito
al mistero di Dio e al mistero del nostro vero sé. Nono-

---

[2] Citazione tratta da M. SCHMEISSER, *Kunst*, s.v., in C. SCHÜTZ (Hrsg.), *Prakti-sches Lexikon der Spiritualität*, Herder, Freiburg i.B. 1988, pp. 746-750, qui p. 748.

140

stante la plasticità delle immagini, Dio per noi rimane sempre al di là di esse. E anche l'immagine originaria e autentica che ciascuno di noi si è fatto di Dio è, in ultima analisi, indescrivibile. Non possiamo riassumerla a parole, ma solo intuirla.

L'essenza della spiritualità cristiana consiste nel seguire Gesù non semplicemente nel suo insegnamento, ma come persona. La sequela di Gesù è il centro della spiritualità cristiana. Non si tratta di seguirlo in modo esteriore, ma di una comunione di vita e di destino con Gesù Cristo.

La sequela di Gesù richiede il distacco dei discepoli da tutti i legami familiari. Questo non significa che ogni cristiano deve lasciare la sua famiglia, ma piuttosto che deve dare un valore maggiore alla relazione a Gesù Cristo che alla propria famiglia. La risposta alla chiamata alla sequela – alla voce interiore nel nostro cuore, una voce nella quale Cristo stesso ci interpella – diventa più importante delle opinioni dei genitori o dei fratelli.

I cristiani sono discepoli di Gesù. Non dovrebbero sottomettersi a nessun maestro spirituale, ma solo a Cristo. Per questo vale l'ammonimento di Gesù: «Ma voi non vi fate chiamare rabbì, poiché uno solo è fra voi il Maestro e tutti voi siete fratelli» (Mt 23,8). Con questa affermazione Gesù ci invita a guardare a noi stessi. Non dovremmo renderci dipendenti dagli uomini (e dalle loro teologie), ma ascoltare solo Cristo, il maestro interiore, che ci parla nei lievi impulsi del nostro cuore.

Seguire Gesù significa divenire permeabili a Cristo. Il traguardo della via spirituale è diventare del tutto trasparenti a Gesù Cristo. Questo significa lasciar andare il proprio ego, perché non ostacoli il mio essere.

«Se uno vuol venire dietro a me, rinneghi se stesso, prenda la sua croce e mi segua» (Mt 16,24). Rinnegare se stesso significa liberarsi dalla tendenza dell'ego a monopolizzare tutto e arraffare tutto per sé, persino a usare Dio a proprio vantaggio. Chi vuole seguire Gesù, deve diventare libero per giungere al vero nucleo interiore del proprio essere persona, al sé, in cui Cristo stesso è presente in lui. E la sequela richiede di lasciar penetrare Cristo in tutti i miei pensieri e sentimenti, perché li trasformi. Lo scopo è diventare un altro, un secondo Cristo.

Nel vangelo secondo Giovanni viene utilizzata la bella immagine della vite e dei tralci. Siamo come i tralci sulla vite di Gesù Cristo. Se il suo Spirito ci pervade, se fluisce in tutta la nostra vita, allora la nostra vita diventa feconda. «Chi rimane in me e io in lui, questi porta molto frutto, perché senza di me non potete far nulla» (Gv 15,5).

Se guardo solo a me stesso, se la mia via spirituale conduce a un narcisismo religioso, la mia vita diventa infeconda. Porta frutto solo se lo Spirito di Dio mi permea, se determina il mio parlare, pensare e agire. Ma questo significa anche che non posso abusare della spiritualità solo per girare intorno a me e proseguire sulla mia via interiore. La spiritualità cristiana significa sempre portare frutto per il mondo. La vita deve scorrere, solo così rimane viva. È necessaria quella dedizione in cui Gesù si è donato per noi. Dobbiamo donarci agli altri per i quali noi siamo qui, e donarci all'opera che dobbiamo svolgere, perché il mondo diventi più umano. Solo allora la nostra vita sarà feconda.

Per san Paolo l'essenza della spiritualità cristiana consiste nel non dover dimostrare il nostro valore di fronte a Dio. Non dobbiamo giustificarci da noi, siamo già giusti di fronte a Dio. Per Dio abbiamo un valore intoccabile. Ci accoglie senza condizioni. Ci ha giustificati in Gesù Cristo (cfr. Rm 8,33). Questo ci libera dall'obbligo di dover fare tutto giusto. Paolo la definisce giustificazione per fede.

Tuttavia, questo non significa che non dobbiamo percorrere anche la via della spiritualità o non ci dobbiamo aprire a Dio e alla sua grazia, ma va detto che nessuna religione sottolinea il primato della grazia come quella cristiana. L'ascesi cristiana è la risposta all'operato di Dio in Gesù Cristo. Dato che Dio si è avvicinato in Gesù, dovremmo aprirci a lui nella meditazione, nel silenzio e nella preghiera, perché il suo Spirito e la sua vita permeino sempre più il nostro spirito, la nostra anima e il nostro corpo e noi irradiamo Cristo. Lo scopo della via spirituale non è aprirci «in qualche modo» a Dio, ma venire colmati dello Spirito di Gesù e, come Gesù, irradiare in questo mondo la luce e l'amore di Dio.

Dato che Gesù nei vangeli si è presentato soprattutto come il salvatore che guariva i malati e li liberava dai demoni, anche la spiritualità cristiana ha una dimensione terapeutica. L'incontro con Gesù Cristo dovrebbe purificarci da modelli di vita che creano ostacoli al nostro vero essere. La via cristiana della purificazione e della guarigione è legata alla persona di Gesù Cristo, che ci trasmette l'amore di Dio che guarisce, che nei sacramenti ci tocca con la sua mano che guarisce e ci fa rialzare, quando ci siamo ripiegati su noi stessi.

Così leggiamo nella prima lettera di Pietro: «Consapevoli che non siete stati riscattati dalla vostra vita insulsa, ereditata dai vostri padri, a prezzo di oro e di argento, elementi corruttibili, ma per mezzo del sangue prezioso di Cristo, che ha svolto la funzione di agnello puro e senza macchia» (1Pt 1,18-19). Il dono di Gesù sulla croce, il suo amore fino alla fine, ci libera da tutti i modelli di vita divenuti insensati, modelli che ci ostacolano nella vita. In ultima analisi è l'amore di Gesù che ci guarisce dalla nostra storia di vita con le sue ferite.

Nel vangelo secondo Luca, Gesù è il vero medico che ci guarisce, colui che ci guida alla vita, alla vita riuscita. Per questo motivo è importante esprimere in modo adatto la dimensione terapeutica della spiritualità cristiana. Tutte le pratiche spirituali nel cristianesimo possiedono un intento terapeutico. Fanno bene all'uomo: al suo corpo e alla sua anima. Questo vale per i riti, che conferiscono alla vita una struttura sana, un ritmo che corrisponde al ritmo dell'anima.

I riti creano un tempo santo, un tempo che viene sottratto al terrore del mondo e nel quale veniamo a contatto con lo spazio sacro in noi. Questo vale per i riti della Chiesa, per esempio i sacramenti, in cui l'effetto terapeutico, che Gesù aveva al suo tempo sulla terra, raggiunge gli uomini di oggi. Vale anche per la preghiera, che riesce a guarire le malattie del corpo e dell'anima. E vale anche per l'ascesi, che in ultima analisi è sempre a servizio della salute degli uomini: è un esercizio per giungere alla libertà interiore, per modellare la vita a partire dallo Spirito di Gesù. E vale per la meditazione della Sacra Scrittura: per i monaci antichi, le parole della Scrittura erano parole di guarigione. Se le lasciamo penetrare nel nostro cuore attraverso la meditazione, hanno un effetto terapeutico sulla nostra anima.

Il culmine della spiritualità cristiana è la mistica. Da più parti si pensa che la mistica si trovi solo nel buddhismo o nel sufismo, ma è a partire da Gesù che la mistica fa parte della spiritualità cristiana.

Già in Paolo si trova una mistica incentrata su Cristo:

«Vivo, però non più io, ma vive in me Cristo» (Gal 2,20). La mistica di san Paolo è legata alla persona di Gesù, ma si riferisce anche alla sapienza che penetra nel mistero di Dio e colma la nostra anima con la vita divina. Paolo annuncia «cosa che occhio non vide, né orecchio udì» (1Cor 2,9).

Il vangelo secondo Giovanni è un vangelo mistico. Da un lato, Gesù è come un maestro di mistica. Ci apre gli occhi, perché riconosciamo la verità, perché penetriamo l'apparenza che nasconde l'essenza e vediamo il fondamento. Dall'altro, Gesù è colui che vorrebbe vivere in noi: «Se qualcuno mi ama, osserverà la mia parola e il Padre mio lo amerà e verremo a lui e faremo dimora presso di lui» (Gv 14,23). Lo scopo della mistica giovannea è che noi siamo uno con Dio. Per questo Gesù prega prima della morte: «Che tutti siano uno come tu, Padre, in me e io in te, affinché siano anch'essi in noi, così che il mondo creda che tu mi hai mandato» (Gv 17,21). L'essere uno, così come lo intende il Gesù giovanneo, è sempre però un essere uno di persone, un'unità profonda nell'incontro e nel dialogo.

La mistica ha segnato profondamente i primi secoli del cristianesimo. Clemente di Alessandria considera il cristiano il vero gnostico che possiede l'illuminazione mediante Cristo. Gregorio di Nissa e Gregorio di Nazianzo descrivono la mistica greca come mistica del vedere. Nel vedere veniamo trasformati nell'immagine che osserviamo. Così già Paolo dice nella seconda lettera ai Corinzi:

«Noi, dunque, riflettendo senza velo sul volto la gloria del Signore, veniamo trasformati in quella medesima immagine di gloria in gloria, conforme all'azione del Signore che è Spirito» (2Cor 3,18).

Il vedere è il senso vero e proprio. Nel vedere diventiamo uno con ciò che viene visto. Non possiamo vedere direttamente Dio, ma possiamo vedere la sua luce nella nostra anima. La mistica greca gira intorno al vedere la luce interiore, il vero sé, che brilla in noi come uno zaffiro, del tutto pervaso da Dio. E la mistica greca è sempre stata una mistica del culto. Nella liturgia si facevano esperienze mistiche. Ed era anche una mistica della Scrittura. Si comprendeva il retroterra mistico delle parole della Bibbia. La mistica si dispiegava sempre nell'interpretazione della Scrittura.

Particolarmente amata era l'interpretazione del Cantico dei Cantici dell'Antico Testamento, una serie di canti d'amore, che tuttavia sono stati interpretati come immagine della relazione dell'anima con Dio o con Cristo. Per questo la mistica cristiana ha sempre avuto una dimensione erotica. Il divenire uno con Cristo è stato descritto con l'immagine del matrimonio. E questa immagine possedeva una dimensione personale, in quanto descrive il divenire uno con l'amato.

Ma ci sono anche descrizioni di esperienze di unità nelle quali l'essere di-fronte di Dio si rivela a stento. Qui le esperienze mistiche cristiane si avvicinano molto alle esperienze mistiche non cristiane, come nel buddhismo o nell'induismo. Ma in queste esperienze viene conservata sempre la differenza fra Dio e l'uomo. Partecipiamo di Dio, ma non ci fondiamo con lui.

La via mistica ha sempre esercitato un grande fascino su di me. E trovo che sia un peccato che a partire dalla fine del XVII secolo nelle Chiese cristiane la mistica venga guardata con sospetto. L'incontro con le religioni orientali ha incoraggiato me e molti cristiani a ripensare la propria tradizione mistica e a percorrere una via mistica.

Nel fare questo è importante annunciare oggi la ricchezza della mistica cristiana con un linguaggio appropriato, perché la mistica cristiana corrisponde alla concezione unitaria dell'uomo, che è corpo e anima, che è persona e che nell'esperienza mistica scopre l'essenza del proprio essere persona. L'esperienza mistica trasforma l'uomo. Lo pervade con l'amore di Gesù Cristo e tocca profondamente il suo cuore. Giovanni della Croce descrive questa esperienza: «O fiamma di amor viva, che con mitezza ferisci l'anima mia nel suo più profondo centro»[3].

Tuttavia, quando parliamo della nostra esperienza mistica, dobbiamo fare attenzione a due pericoli. I veri mistici parlano sempre delle proprie esperienze in modo molto

---

[3] Citazione tratta da O. STEGGINK, *Mystik*, s.v., in C. SCHÜTZ (Hrsg.), *Praktisches Lexikon der Spiritualität*, cit., pp. 904-910, qui p. 907.

modesto e cauto. Conoscono l'inesprimibilità dell'esperienza del profondo. Ma chi oggi parla delle proprie esperienze mistiche spesso vuole rendersi interessante e mettersi un gradino sopra gli altri. Il secondo pericolo è che con la loro mistica alcuni vogliano coprire la loro incapacità di avere una relazione poiché evitano gli incontri veri.

La dimensione mistica della fede cristiana per me rappresenta un vero aiuto per affrontare i problemi quotidiani. La mistica parla dello spazio interiore del silenzio, in cui Dio nasce in noi. Quando vengo a contatto con questo spazio, mi sento libero. Non continuo a girare intorno alle preoccupazioni o paure o ferite che gli altri hanno provocato in me.

Nell'esperienza mistica dello spazio interiore mi sento completo, autentico e in armonia, originario e intatto. Questa sensazione mi dona una sana distanza dai conflitti quotidiani sul lavoro e nella comunità. Non fuggo dai conflitti nello spazio interiore del silenzio, ma piuttosto affronto i conflitti nella consapevolezza di questo spazio. La consapevolezza relativizza i conflitti e mi trasmette libertà e distanza interiore.

Anche un'altra esperienza è importante per me, quando penso alla mistica. La mistica è esperienza dell'essere uno. Ci sono momenti in cui mi sento del tutto uno, uno con Dio, uno con me stesso, uno con tutti gli uomini. In tali momenti cessa la lacerazione interiore. La paura non ha più potere su di me. Sperimento la riconciliazione fra spirito e pulsione, fra spiritualità e sessualità, fra preghiera e lavoro. In questo momento sperimento quello che la psicologia descrive come diventare sé, individuazione (C.G. Jung). Qui sono del tutto me stesso. Sono esperienze di gioia, ma contemporaneamente so che non le posso trattenere. Nel momento successivo sperimento di nuovo la lacerazione interiore.

Per questo è importante parlare in modo corretto della mistica cristiana. È una via affascinante, una via verso una vera incarnazione e una profonda esperienza di Dio, una via gioiosa del divenire uno con Dio e con tutto ciò che esiste. Ma è anche una via sobria, che continua ad avere bisogno dell'ascesi, di lasciar andare il proprio io, di purificarsi da tutti gli intorpidimenti e di trasformare la propria realtà mediante lo Spirito di Gesù Cristo.

Evagrio Pontico è convinto che solo la contemplazione, il guardare Dio, possa davvero guarire l'anima dell'uomo[4]. Quindi la mistica cristiana, nella concezione dei monaci antichi, è sempre una via terapeutica, che dona alla nostra anima una pace interiore profonda e ci conduce al nostro sé vero e originario, autentico e integro.

---

[4] EVAGRIUS PONTICUS, *Praktikos*, cit., p. 79 (*La preghiera*, cit., p. 104).

9

IL CRISTIANESIMO IN DIALOGO CON LE ALTRE RELIGIONI

Nel dialogo con le altre religioni è mia intenzione prima di tutto sottolineare gli aspetti comuni. Nel dialogo con ogni singola religione evidenzierò, invece, altri aspetti del cristianesimo e li presenterò in modo tale che i seguaci di altre religioni possano per lo meno comprendere quello che intendo dire. Solo successivamente passerò a descrivere la dimensione specifica del cristianesimo e a differenziarla rispetto alle altre religioni.

L'apertura e la delimitazione sono necessarie, perché possa nascere un dialogo vero, in cui ciascuno rispetta l'altro. Non si tratta di convincere l'altro o di dimostrargli che la religione cristiana è la migliore. Ma piuttosto il dialogo ha bisogno del rispetto dell'altra religione e della disponibilità ad ascoltare quello che intende, e anche della disponibilità a imparare da essa, se noi cristiani abbiamo trascurato qualche aspetto della relazione a Dio.

Ma nel dialogo dovremmo anche cercare di far comprendere a colui con cui stiamo dialogando ciò che riteniamo essenziale della nostra fede. Limitarsi a dire che crediamo tutti nella stessa cosa e che il nucleo di tutte le religioni è lo stesso sarebbe troppo poco. Annacquerebbe le religioni e non renderebbe giustizia alla loro specificità.

Mi ricordo ancora di un'espressione di Karlfried conte Dürckheim, che da cristiano si è impegnato nel dialogo con il buddhismo zen. Sosteneva che ci è possibile dialogare con il buddhismo solo se abbiamo chiare le nostre radici, solo se siamo radicati nella nostra fede cristiana. Se non fosse così, il dialogo si rivelerebbe un annacquamento delle affermazioni e delle esperienze e un miscuglio che non sarebbe utile a nessuno. Sarebbe come nuotare e perdere terreno sotto i piedi.

Per il dialogo reciproco fra le religioni vale quello che ha detto il cardinale J. Ratzinger in una conferenza: «L'incontro tra le religioni non può avvenire nella rinuncia alla verità, ma è possibile solo mediante il suo approfondimento. Lo scetticismo non unisce. E nemmeno il puro pragmatismo unisce. Ambedue le posizioni non fanno che aprire la porta alle ideologie che, poi, si presentano in maniera ancora più sicura di sé. La rinuncia alla verità e alla convinzione non innalza l'uomo, ma lo consegna al calcolo dell'utile, privandolo della sua grandezza. Vanno incoraggiati invece il rispetto profondo per la fede dell'altro e la disponibilità a cercare, in ciò che incontriamo come estraneo, la verità che ci può concernere e può correggerci e farci progredire. Va incoraggiata la disponibilità a cercare, dietro alle manifestazioni che ci possono sembrare strane, il significato più profondo che si cela in esse. Va inoltre incoraggiata la disponibilità ad abbandonare la ristrettezza del nostro modo di intendere la verità, così da comprendere meglio ciò che ci appartiene, imparando a capire l'altro e lasciandoci così guidare sulla strada del Dio più grande – nella convinzione di non possedere pienamente la verità su Dio e di essere sempre dinanzi a essa persone che imparano, pellegrini alla sua ricerca, su una strada che mai avrà fine»[1].

Nel dialogo con l'*ebraismo* è importante per noi cristiani professare chiaramente le nostre radici ebraiche. Il Concilio Vaticano II lo ha detto in modo chiaro: «La Chiesa di Cristo infatti riconosce che gli inizi della sua fede e della sua elezione si trovano già, secondo il mistero divino della salvezza, nei patriarchi, in Mosè e nei profeti»[2].

Nella lettera ai Romani, Paolo ha definito santa la radice ebraica a partire dalla quale vivono i cristiani. Paolo parla al pagano diventato cristiano e che in quanto cristiano

---

[1] J. Ratzinger, *Die Vielfalt der Religionen*, cit., pp. 117s (*La Chiesa, Israele e le religioni del mondo*, cit., pp. 71-72).

[2] Concilio Vaticano II, *Dichiarazione* Nostra Aetate *sulle relazioni della Chiesa con le religioni non-cristiane*, 4.

partecipa della promessa fatta al popolo d'Israele: «Se ora alcuni rami sono stati tagliati via e tu, essendo un olivastro selvatico, sei stato innestato al posto loro, venendo così a partecipare della linfa che proviene dalla radice dell'olivo, non ti gloriare a discredito dei rami» (Rm 11,17-18).

Insieme con gli ebrei leggiamo l'Antico Testamento. Con loro preghiamo recitando i salmi. E l'immagine di Dio che Gesù ci ha annunciato corrisponde all'immagine che hanno tratteggiato per noi i profeti dell'Antico Testamento. Quindi, abbiamo una radice in comune con gli ebrei. Gesù stesso era ebreo e ha pregato e pensato da ebreo. Per tale motivo non comprendiamo Gesù, se non studiamo la tradizione ebraica e non viviamo come Gesù a partire dalle promesse che Dio ha fatto ai padri.

Molti ebrei al giorno d'oggi possono certamente vedere in Gesù un fratello, un rabbi particolarmente sensibile che rappresentava piuttosto la corrente moderata del fariseismo, ma hanno difficoltà con la nostra professione di fede cristiana, secondo la quale Gesù è il Messia e il Figlio di Dio.

Quando parliamo con gli ebrei della figliolanza di Gesù, non dobbiamo usare espressioni scolastiche, come quelle che parlano dell'unione ipostatica di divinità e umanità in Gesù. È sufficiente parlare della figliolanza divina di Gesù Cristo in prima battuta con i concetti dell'Antico Testamento. Non per niente la liturgia cristiana interpreta feste importanti come Natale, Epifania, Pasqua e Pentecoste con parole e immagini tratte dall'Antico Testamento.

La liturgia della Notte Santa inizia con il versetto di apertura: «Proclamerò il decreto che il Signore ha pronunciato: "Mio figlio sei tu, io in questo giorno ti ho generato!"» (Sal 2,7). Certamente anche gli ebrei potrebbero applicare a Gesù tale versetto del salmo. Considererebbero Gesù particolarmente prediletto da Dio, lo vedrebbero come colui che per questo motivo Dio ha chiamato suo figlio, perché annunciasse in modo unico il regno e l'amore di Dio.

Il giorno di Natale il canto d'ingresso dice: «Un bambino ci è nato, un figlio ci è stato donato; nelle sue spalle riposa l'impero» (Is 9,5). Di nuovo il mistero di Gesù come Figlio di Dio viene descritto con parole tratte dall'Antico Testamento. Dio stesso ci ha donato Gesù come suo figlio prediletto, che ha prescelto per annunciarci la buona novella. Anche gli ebrei potrebbero essere d'accordo sull'antifona con cui cantiamo il mistero di Gesù Cristo all'Epifania: «E Dio che disse: Brilli la luce dalle tenebre, è brillato nei nostri cuori, per far risplendere la conoscenza nella gloria divina che rifulge sul volto di Cristo» (2Cor 4,6).

Gli ebrei riescono a comprendere che Gesù è stato prescelto da Dio in modo particolare, che in lui brilla la gloria di Dio e che è figlio prediletto di Dio. Ma non comprenderebbero Gesù come Figlio di Dio nel senso della nostra teologia scolastica. Non direbbero mai che Dio si è fatto uomo in Gesù. Nel dialogo con gli ebrei dovremmo adattarci al loro modo di pensare. Anche gli evangelisti e gli autori delle lettere neotestamentarie hanno parlato di Gesù ciascuno in modo diverso, in base agli interlocutori a cui rivolgevano le loro parole.

Tuttavia, non possiamo affermare che la Chiesa abbia alterato l'immagine di Gesù, quando ne ha parlato facendo uso di concetti elaborati sulla base della filosofia greca. Quello che il Nuovo Testamento ci dice di Gesù diviene chiaro dal punto di vista concettuale nelle definizioni dei concili che hanno avuto luogo soprattutto in terra greca. Ma non dobbiamo spiegare a tutti l'esito delle discussioni dei primi concili ecumenici. Possiamo continuare a camminare insieme per comprendere il mistero di Gesù Cristo.

Se gli ebrei sono aperti al mistero unico di Gesù, alla sua relazione particolare al Padre, allora ne comprendono un aspetto essenziale. Possiamo condividere con loro la «cristologia dal basso», che ci annunciano i vangeli, non possiamo però fissare Gesù alla «cristologia dal basso», ma dobbiamo rimanere aperti a una «cristologia dall'alto».

Tuttavia, evidentemente Gesù stesso, a proposito della sua relazione a Dio, ha parlato in modo provocatorio per le orecchie dei contemporanei ebrei: «"Sei tu il Cristo, il Figlio del Benedetto?". Rispose Gesù: "Sì, sono io! E vedrete il Figlio dell'uomo, seduto alla destra della Potenza, venire con le nubi del cielo"» (Mc 14,62). Per il sommo sacerdote e gli astanti si trattava di una bestemmia.

Per gli ebrei, nell'espressione «Figlio di Dio» non necessariamente risuona la consustanzialità di Gesù con il Padre, in quanto nella tradizione ebraica Figlio di Dio è piuttosto un concetto relazionale. Il Figlio ha una relazione particolare con il Padre. E Gesù rivendica per sé un'appartenenza particolare al Padre, appartenenza che per il sommo sacerdote e molti farisei rappresenta una bestemmia. Gesù comprende che essi interpretano la sua relazione al Padre in modo troppo ristretto ed esclusivo, con troppa consapevolezza e univocità.

E gli ebrei non credono che Gesù sia il Messia. Per loro, il Messia non è ancora giunto. Lo aspettano ancora. Per loro è una bestemmia che Gesù affermi di sé di essere il Messia. Su questo aspetto certamente vi è una differenza fra ebrei e cristiani, differenza che non possiamo risolvere. Ma anche noi cristiani attendiamo di nuovo la venuta di Gesù nella gloria. E l'attesa, espressa nelle ultime parole del Nuovo Testamento, «Amen. Vieni, o Signore Gesù!» (Ap 20,20), presenta per lo meno una struttura simile all'attesa del Messia da parte del popolo ebraico. Per noi Gesù è il Messia, ma durante la sua vita è stato un Messia nascosto. Ha proibito agli uomini che guariva di raccontare della guarigione. Aveva paura che gli uomini proiettassero su di lui una falsa immagine messianica. Solo alla fine del mondo si manifesterà in modo definitivo come

Messia, come salvatore di tutto e di tutti. E quindi anche noi, come gli ebrei, siamo in trepidante attesa della venuta del Messia nella gloria.

Nonostante questo, non possiamo semplicemente aggirare le differenze che vi sono fra ebrei e cristiani. Non sarebbe onesto. E nel fare ciò non verremmo accettati dagli ebrei. Dovremmo condurre un dialogo aperto, nel quale possiamo sottolineare le radici comuni e il modo di vedere comune. Solo quando prendiamo in considerazione l'aspetto comune, possiamo parlare anche di quello che divide e degli aspetti particolari; ma anche qui lo dovremmo fare con parole e concetti che gli ebrei possono comprendere. E come cristiani abbiamo bisogno dell'amore appassionato dell'apostolo Paolo per il suo popolo Israele. Paolo dice: «Desidererei infatti essere votato alla maledizione divina ed essere, io personalmente, separato da Cristo in favore dei miei fratelli, che sono della mia stessa stirpe secondo la carne» (Rm 9,3).

Oggi il dialogo con l'*islam* non solo è una necessità teologica, ma anche politica. Solo se ci mettiamo a dialogare con l'islam e con la sua vera dottrina, i gruppi radicali e fondamentalisti possono essere circoscritti.

Il Concilio Vaticano II parla con rispetto dell'islam: «La Chiesa guarda anche con stima i musulmani che adorano l'unico Dio, vivente e sussistente, misericordioso e onnipotente, creatore del cielo e della terra, che ha parlato agli uomini. Essi cercano di sottomettersi con tutto il cuore ai decreti di Dio anche nascosti, come vi si è sottomesso anche Abramo, a cui la fede islamica volentieri si riferisce»[3].

In comune con l'islam noi cristiani abbiamo l'etica religiosa, che predica l'amore per il prossimo, onora l'osservanza dei comandamenti divini e si esprime nell'ascesi. Tuttavia, la tradizione dell'islam si deve opporre con decisione alle tendenze violente.

In comune con l'islam abbiamo anche la professione di fede in un unico Dio. L'unico e solo Dio è il creatore del mondo, il signore della storia e il giudice degli uomini. L'islam sottolinea l'onnipotenza, la maestà e la trascendenza di Dio. I comandamenti di Dio non possono essere messi in questione.

Il dialogo con l'islam ci obbliga a non fraintendere la nostra immagine del Dio trinitario come rappresentazione di tre dèi diversi. Anche noi crediamo in un unico Dio, Padre di tutti gli uomini. Ma la nostra immagine di Dio è permeata dal mistero della Trinità. La Trinità non significa tre dèi diversi, che intrattengono un rapporto superficiale l'uno con l'altro, ma un unico Dio, che tuttavia è aperto a noi uomini.

Il mistero della Trinità era così importante per la Chiesa primitiva, perché in esso si esprimono l'essenza di Dio e

---

[3] *Ivi*, 4.

l'essenza della nostra relazione a Dio, che è un Dio aperto a noi uomini, ci viene incontro in Gesù, suo Figlio, e percorre con noi le nostre strade. Ci dona lo Spirito Santo, che ci accoglie e ci mantiene nella comunione con Dio. Dio non è lontano e irraggiungibile. Si è avvicinato a noi in Gesù. E nello Spirito Santo si è aperto a noi, in modo che nello Spirito Santo possiamo divenire uno con Lui. Lo Spirito Santo non è solo un dono divino, ma Dio stesso. Lo Spirito Santo è il Dio vicino, il Dio in cui siamo, da cui siamo pervasi e il cui amore ci colma e ci solleva in Dio.

Nel Medioevo si è svolto un dialogo fecondo fra islam e cristianesimo, ma il dialogo è stato ostacolato di continuo da incomprensioni e violenza da entrambe le parti.

Il dialogo deve essere improntato al rispetto per l'altra religione, senza tacere le differenze. Per noi Gesù non è semplicemente un profeta – come lo vede l'islam – ma il Figlio di Dio. Anche nel dialogo con l'islam possiamo parlare di Gesù come Figlio di Dio con le categorie ebraiche, senza tuttavia negare la dimensione profonda del concetto patristico-scolastico.

Non si tratta di dire: Gesù è stato semplicemente un uomo che aveva una relazione unica e speciale con Dio. In questo modo banalizzeremmo la relazione di Gesù con Dio e la fisseremmo a un determinato livello. Nella definizione di Gesù come «Figlio di Dio», infatti, si sente risuonare qualcosa che non si può esprimere solo con un'immagine.

Ma l'interpretazione di questo concetto come appartenenza particolare a Dio non è opportuno assolutizzarla, anche se è possibile e legittima. Tuttavia, il concetto deve pur sempre rimanere aperto alle altre dimensioni.

Se ci troviamo in una moschea e sentiamo la moltitudine di fedeli dire ad alta voce con grande fervore: «Allah è grande!», rimaniamo certamente affascinati. Da questa invocazione proviene una grande forza. Qui evidentemente l'aggressione viene integrata in modo positivo nella spiritualità.

Naturalmente al giorno d'oggi soffriamo perché non esiste solo questa integrazione sana dell'aggressione, ma gruppi crescenti dell'islam diventano sempre più aggressivi e intolleranti. Nel dialogo con l'islam lo scopo è quello di prendere sul serio le affermazioni pacifiche e tolleranti del Corano e di difenderle e proteggerle contro l'interpretazione adulterante da parte di coloro che sono pronti a usare la violenza.

Particolarmente fecondo potrebbe essere il dialogo cristiano con il sufismo. Il sufismo è la corrente mistica dell'islam, nella quale il punto centrale è l'amore di Dio. Il famoso mistico al-Halladj interpreta il suo amore a Dio quale emozione che plasma tutti i suoi sentimenti. Nell'islam i mistici hanno incontrato continuamente resistenza, soprattutto perché descrivevano le prescrizioni riguardanti il comportamento come dimensione esteriore dell'islam, mentre l'esperienza mistica sarebbe la sua dimensione interiore.

Con i mistici sufi noi cristiani possiamo condividere il punto di vista dell'amore personale dell'uomo per Dio e la passione a donarci interamente a Dio. Ci sono bellissimi testi poetici di mistici sufi come al-Halladj o Rumi. Rumi chiama il nostro respiro il profumo divino dell'amore, con cui l'amore di Dio pervade il nostro corpo. Nel respiro sperimentiamo il delicato amore di Dio. E il più grande poeta persiano, Hafis [Hafez] (1317-1390), che ha tanto affascinato Goethe, scrive in una poesia:

In principio disse il fulgore della tua bellezza:
«Voglio avere inizio!».
E l'amore è nato e ha portato nell'universo il fuoco.
Il tuo volto ha rivelato il suo splendore
E ha visto gli angeli senza amore,
Allora ha posto il figlio della terra, rapito,
Nel fuoco dell'amore.

Su questo punto Hafis si avvicina molto alla posizione della prima lettera di Giovanni, secondo la quale Dio è amore: «Chi rimane nell'amore rimane in Dio e Dio rimane in lui» (1Gv 4,16). Dato che Dio è amore, crea l'uomo e lo colma con il fuoco dell'amore.

La mistica d'amore del sufismo assomiglia alla mistica d'amore caratteristica soprattutto della mistica femminile medievale. Molti sufi assomigliano a santi cristiani. L'amore che irradiano tocca anche noi cristiani. E in questo amore sappiamo di avere un legame con loro.

Per noi cristiani, l'amore è divenuto visibile in Gesù Cristo. Il Medioevo amava molto l'immagine di Giovanni che poggia la testa in grembo a Gesù. Come il discepolo preferito poggia il capo in grembo a Gesù, così noi dovremmo costruire una relazione intima con Gesù Cristo. Questa relazione conferisce un sapore nuovo alla nostra vita: il sapore dell'amore.

Il dialogo con l'islam sfida noi cristiani a vivere davvero la nostra vita a partire dalla fede. Molti musulmani ci fanno vergognare con la loro pratica religiosa e con la loro devozione personale. Per questo possiamo condurre un dialogo in modo davvero fecondo, se siamo consapevoli delle nostre radici e viviamo la nostra fede in modo coerente, cioè se rendiamo testimonianza della nostra fede anche pubblicamente.

Quanto più chiaramente siamo riconoscibili come cristiani, tanto più seriamente veniamo considerati dai musulmani. Il fare memoria di Dio e il donarsi a Dio, che possiamo osservare in molti musulmani, rappresentano una domanda che ci viene rivolta: viviamo la nostra quotidianità a partire dalla realtà di Dio? Nella tradizione cristiana c'è sempre stata una risposta al fare memoria di Dio dell'islam. Si trattava della vita alla presenza di Dio.

Del *buddhismo* il Concilio Vaticano II dice: «Nel buddhismo, secondo le sue varie scuole, viene riconosciuta la radicale insufficienza di questo mondo mutevole e si insegna una via per la quale gli uomini, con cuore devoto e confidente, siano capaci di acquistare lo stato di liberazione perfetta o di pervenire allo stato di illuminazione suprema per mezzo dei propri sforzi o con l'aiuto venuto dall'alto»[4].

Nel dialogo con il buddhismo, centrale è soprattutto la questione della redenzione e della via mistica e ascetica. Buddha interpreta l'intera vita degli uomini come sofferenza: «Nascere è sofferenza, invecchiare è sofferenza, la malattia è sofferenza, morire è sofferenza, essere uniti a una cosa sgradevole è sofferenza, essere separati dall'amato è sofferenza, non raggiungere quello che si brama è sofferenza»[5].

L'unico modo per sottrarsi a questa sofferenza consiste nello «spegnere la sete mediante la distruzione completa del desiderio, bandendo il desiderio, rinunciandovi, liberandosene, non concedendogli nessuno spazio»[6]. Sull'ottuplice sentiero il buddhista può superare la sofferenza:

---

[4] *Ivi*, 2.
[5] H. WALDENFELS, *Phänomen Christentum: eine Weltreligion in der Welt der Religionen*, Herder, Freiburg i.B.-Basel-Wien 1994, p. 136.
[6] *Ivi*, p. 137.

«È questa via di santità, che ha otto diramazioni: retta visione, retto pensiero, retta parola, retta azione, retta forma di vita, retto sforzo, retta attenzione, retta pratica della meditazione»[7].

Anche nel cristianesimo il superamento della sofferenza è una questione importante. Il messaggio principale è, tuttavia, che Dio stesso in Gesù Cristo si è immerso nella sofferenza degli uomini e l'ha trasformata dall'interno. Ma anche nel cristianesimo c'è una via per superare la sofferenza: la via della negazione di sé. Quando prendo congedo dall'illusione che la vita si deve dispiegare secondo le mie rappresentazioni, la sofferenza perde la sua dimensione ossessionante.

La sofferenza è per noi cristiani una sfida a spostarci dal piano del successo e del riconoscimento a un piano più profondo: *il piano di Dio*. La sofferenza ci vuole aprire *a* Dio e spezzare il nostro legame con il mondo. Ma la sofferenza non verrà estinta. Rimane. Il cristiano non la nega.

Nella comunione con Gesù, tenendo lo sguardo rivolto all'autore della vita, si può sopportare la sofferenza e, così, aprirsi a Dio. Il cristiano non elimina la sofferenza allontanandosi dal mondo, ma passa attraverso la sofferenza, così come Cristo è passato attraverso la sofferenza per trasformarla dall'interno e colmarla di amore. Nel cristia-

[7] *Ibidem.*

nesimo questo atteggiamento ha portato a una profonda solidarietà con chi soffre in tutto il mondo.

La partecipazione emotiva viene tematizzata anche nel buddhismo, tanto che si rivela un buon punto di contatto per il dialogo. Ma la compassione cristiana rivela tratti più attivi rispetto alla partecipazione emotiva dei buddhisti e ha provocato un movimento di solidarietà e di impegno per i sofferenti. Ha sempre una dimensione sociale e politica.

Sia la via ascetica, sia quella mistica, che il buddhismo ci descrive in esercizi concreti, si ritrovano nel cristianesimo. E in quanto cristiani possiamo davvero imparare dalle esperienze dei buddhisti.

Quello che nel buddhismo-zen affascina molti cristiani sono le indicazioni chiare relative al modo in cui dobbiamo meditare e anche a quello a cui fare attenzione lungo il cammino. Soprattutto molti intellettuali sono attratti dalla meditazione zen, perché lì il loro spirito inquieto trova pace.

Nel cristianesimo non siamo stati capaci di annunciare e vivere in modo invitante il nostro percorso interiore verso il silenzio. Chi percorre la via del silenzio, riscopre alcune espressioni della Bibbia. Scopre la dimensione profonda di queste parole. Le parole di Gesù, che sin troppo spesso ci sembrano incomprensibili, assomigliano a un *koan*, un aforisma di un maestro zen. Vorrebbero aprire il nostro spirito alla dimensione totalmente altra di Dio.

Nel cristianesimo dovremmo concretizzare la nostra via mistica. Benedetto lo ha fatto con il suo «ora et labora».

Qui sarebbero da ricordare la via della liturgia, la via della preghiera delle ore, della celebrazione eucaristica, della meditazione cristiana, la vita alla presenza di Dio. Ma sarebbe necessaria una descrizione ancora più chiara di queste vie e del modo in cui conducono a una esperienza di Dio sempre più profonda.

Nell'esicasmo, una corrente del monachesimo orientale, venivano fornite indicazioni precise riguardo al modo di sedersi e di respirare e di collegare la preghiera di Gesù con ogni respiro. Nella *Nube della non conoscenza*, il libro di un domenicano del XIV secolo, riconosciamo molte analogie con la via percorsa dalla meditazione zen. Da questo punto di vista, un dialogo fra il buddhismo zen e la mistica cristiana è sicuramente utile, ma non dovremmo confonderli. Si tratta piuttosto di lasciare che ogni forma di mistica sia se stessa nonostante tutte le similitudini, altrimenti ci approprieremmo del buddhismo zen e non saremmo affatto disposti a confrontarci con l'esperienza completamente diversa dello zen.

Guardando al buddhismo, scopriremo nell'immagine di Gesù tratti nuovi che la Bibbia ci descrive e che finora avevamo trascurati. Gesù è anche il maestro di sapienza, che ci introduce all'arte della vita e alla libertà interiore. Proprio nelle parabole, Gesù apre il nostro spirito al Dio totalmente altro. Gesù è una guida spirituale. Luca lo chiama «autore della vita» (At 3,15), guida a una vita riuscita.

E Gesù nel vangelo secondo Giovanni è colui che – come Buddha – ci apre gli occhi alla verità, a Dio, che è il vero fondamento di tutto quello che vediamo nel mondo.

Ma due aspetti differenziano la via cristiana da quella buddhista: da una lato la relazione personale a Gesù Cristo, e dall'altro l'aspetto della misericordia e dell'amore. Nel buddhismo, centrale è il vuoto. Dovremmo liberarci da ogni pensiero e sentimento. Questo è e rimane anche nel cristianesimo un aspetto importante della vita spirituale, ma nel cristianesimo lo scopo non è il vuoto, bensì la pienezza. Non si tratta della libertà da ogni pensiero e sentimento, ma dell'amore di Gesù Cristo, che dovrebbe colmare il nostro cuore e che noi dovremmo poi irradiare con tutto il nostro essere.

Uno staretz russo si distingue da un maestro zen per la sua maggior cordialità e il suo maggior calore. Naturalmente ci sono anche meravigliosi maestri zen che irradiano mitezza e amore, ma tendenzialmente qui vi è una differenza.

Spesso si rimprovera al buddhismo di essere una religione dell'autodissoluzione. Quest'accusa non è del tutto corretta. Anche nel buddhismo è in ultima analisi Dio che ci redime, quando ci apriamo alla sua azione nell'ottuplice sentiero, solo che l'azione di Dio non viene descritta in modo così attivo come nel cristianesimo.

Per noi cristiani la redenzione avviene mediante Gesù Cristo; ma dal buddhismo possiamo imparare che dipende anche da noi crescere nell'atteggiamento del distacco, che Gesù ha vissuto in modo esemplare. La redenzione ha sempre anche a che vedere con il distacco da questo mondo e dai suoi criteri. Questo intende Paolo quando dice che per lui il mondo è stato crocifisso, cancellato, spodestato (cfr. Gal 6,14). I criteri del mondo non hanno più nessun potere su di lui.

Romano Guardini, che durante i suoi anni berlinesi è entrato in contatto con la Casa di Buddha fondata da Paul Dahlke, nel suo famoso libro *Il Signore: riflessioni sulla persona e sulla vita di Gesù Cristo* fa affermazioni importanti riguardo al dialogo con il buddhismo, affermazioni a cui ancora oggi dovremmo prestare attenzione: Buddha «ha intrapreso qualcosa di inconcepibile, rimanere nell'essere e scardinare l'essere come tale. Quello che intendeva con nirvana, con il risveglio finale, con la cessazione dell'illusione e dell'essere, non è stato compreso e giudicato da nessuno dal punto di vista cristiano. Chi lo volesse fare, dovrebbe diventare completamente libero nell'amore di Cristo, ma contemporaneamente avere un legame di profondo rispetto con quell'uomo misterioso del VI secolo prima della nascita del Signore»[8].

Un altro aspetto nel dialogo con il buddhismo si riferisce alla personalità di Dio. Nel buddhismo si sottolinea la

---

[8] Citazione tratta da H. WALDENFELS, *Phänomen Christentum*, cit., p. 142.

dimensione impersonale di Dio. Come cristiani dobbiamo continuare a credere che Dio è anche persona, un tu che mi sta di fronte, e non solo un'energia che mi permea, o un'atmosfera che mi circonda.

Ma, pur tenendo conto del concetto della personalità di Dio, il buddhismo ci insegna a prendere sul serio la teologia «apofatica» dei primi Padri della Chiesa. Questa teologia afferma che tutto quello che diciamo di Dio contemporaneamente deve essere negato, perché Dio è il totalmente Altro. Questo vale anche per Dio come persona. Possiamo dire che Dio è persona, ma contemporaneamente dobbiamo negarlo, perché Dio è persona in modo completamente diverso rispetto al modo in cui rappresentiamo l'uomo come persona.

Invece di metterci contro la posizione del buddhismo, nel dialogo con il buddhismo scopriamo alcune radici cristiane importanti. Tuttavia, lo scopo del dialogo non è solo affermare che vediamo le cose esattamente come il buddhismo. Tenendo conto dell'alterità di Dio possiamo insistere che Dio ci viene incontro anche come persona, come un tu dall'esterno.

Dio è in noi e fuori di noi. È la cosa più intima del nostro cuore. È colui davanti al quale ci inchiniamo per adorarlo. Ma anche il Dio che abita in me non è a mia disposizione. Non lo possiedo, ma è lui che vuole governare in me. Questo intendeva dire Gesù affermando che il regno di Dio è in noi. Il regno di Dio significa che Dio regna in me e permea e plasma ogni cosa in me. In Gesù il Dio incomprensibile ha preso un volto umano. In Gesù vediamo il Padre. Attraverso Gesù si apre a noi l'essenza di Dio, che ci guarda nel volto di Gesù e che ci viene incontro come quella persona che anche noi possiamo incontrare, per venire trasformati nell'incontro con lui.

Se rispettiamo il punto di vista buddhista, dobbiamo anche sottolineare la ricchezza del nostro modo di vedere cristiano. Eugen Drewermann ha ribadito a ragione che il buddhismo può essere di grande aiuto per superare le paure di fronte ai giudizi degli altri nel caso di fallimento e così via, in breve: le paure nel mondo[9].

Ma se l'esistenza stessa viene messa in questione e ci fa paura, allora abbiamo bisogno di una persona che ci tolga la paura, se ci affidiamo a lei con fiducia. La concezione personale di Dio, così come emerge dall'ebraismo e dal cristianesimo, è qualcosa di prezioso, perché ci aiuta a scoprire la nostra persona e a realizzarla pienamente. L'amore per Dio e per Gesù Cristo, così come lo hanno descritto i mistici cristiani, è una perla preziosa di cui dobbiamo essere grati. È un amore personale che, mediante l'incontro personale con Dio, spinge a quell'amore che è Dio stesso

---

[9] E. DREWERMANN, *Glauben in Freiheit oder Tiefenpsychologie und Dogmatik*, Bd. 1: *Dogma, Angst und Symbolismus*, Walter, Solothurn-Düsseldorf 1993, p. 374.

e che sgorga in noi come una fonte alla quale possiamo attingere sempre in modo nuovo.

Nella storia del cristianesimo ci sono stati molti santi che si sono ritirati nella solitudine e nel silenzio e lì si sono aperti a Dio. Hanno mostrato in questo modo la forza della mistica cristiana. Per questo chi stava loro intorno è stato sempre toccato e contemporaneamente disorientato.

Dove sono oggi i cristiani, che non solo insegnano una strada, ma anche la percorrono? Dove sono i cristiani che si ritirano dal mondo per dedicarsi completamente alla via spirituale? Dove sono i cristiani che percorrono la via del silenzio, senza volerla insegnare agli altri, che si ritirano nella solitudine, perché vogliono penetrare più profondamente nel mistero di Dio? Abbiamo bisogno di cristiani che percorrono la via radicale del silenzio, non solo per rendersi interessanti, ma piuttosto perché per loro Dio è la realtà vera. Oggi sarebbero dei testimoni credibili della mistica cristiana, più di molti autori che scrivono di mistica, ma hanno un'esperienza assai limitata della via della solitudine e del silenzio.

Dell'*induismo* il Concilio dice: «Nell'induismo gli uomini scrutano il mistero divino e lo esprimono con la inesauribile fecondità dei miti e con i penetranti tentativi della filosofia; cercano la liberazione dalle angosce della nostra condizione sia attraverso forme di vita ascetica, sia nella meditazione profonda, sia nel rifugio in Dio con amore e confidenza»[10].

Il concetto di «induismo» è stato coniato solamente durante il periodo coloniale inglese. Oggi gli studiosi di scienze delle religioni parlano piuttosto di «religioni indù», perché non esiste un induismo unitario, ma piuttosto diverse religioni che stanno l'una accanto all'altra e qualche volta si mescolano, come la religione veda, il visnuismo, lo shivaismo, lo shaktismo e altre.

Caratteristico delle religioni indiane è in primo luogo il legame di religione e filosofia. In India la filosofia è «concezione religiosa e la religione è filosofia vissuta»[11]. Per questo motivo la cultura e la religione non sono separate. In Occidente molto spesso si collega l'induismo a una determinata concezione di vita, per esempio all'atteggiamento di tolleranza, non violenza, volontà di pace e rispetto della natura.

Le religioni indiane possiedono una concezione ciclica. Tutto si ripete. La concezione ciclica si esprime anche nell'idea della reincarnazione. La religione indiana non è una religione storica. Si fonda sui miti. Contrariamente al buddhismo, nell'induismo vi è una rappresentazione personale di Dio. Certamente l'induismo conosce molti

[10] CONCILIO VATICANO II, Dichiarazione *Nostra Aetate*, 2.
[11] H. WALDENFELS, *Phänomen Christentum*, cit., p. 127.

dèi, ma li interpreta come figure mitologiche. In ultima analisi, lo scopo dell'induismo è donarsi all'unico Dio nell'amore.

Gli scritti religiosi più antichi dell'induismo sono i Veda (redatti tra il 1200 a.C. e il 100 d.C.). Accanto a questi si trovano altri scritti di carattere religioso. Per esempio, particolarmente diffuse sono le Upanishad, nelle quali si trovano riflessioni di grande profondità sull'essenza dell'essere umano e del mondo.

Tipico dell'induismo è anche il cosiddetto «inclusivismo»: si accoglie in sé tutto ciò che è estraneo, che tuttavia non rimane estraneo, ma viene fatto proprio e trasformato. Gli induisti possono accogliere anche Gesù, se considerato come un mito, ma se viene preso come un dato di fatto storico, che richiede una chiara reazione, Gesù rimane loro estraneo. E se qualcosa non si lascia assimilare, viene osteggiato, come emerge dall'atteggiamento spesso intollerante verso musulmani e cristiani.

Nel dialogo con l'induismo possiamo scoprire in modo nuovo la teologia cristiana della creazione. Anche la Bibbia considera la creazione come il primo grande dono di Dio agli uomini. E anche per noi cristiani la creazione è pervasa dallo Spirito di Dio. Possiamo incontrare Dio anche nella natura.

Gesù ci ha aperto gli occhi, in modo che nelle cose naturali possiamo vedere un'analogia della nostra rela-

zione a Dio. Gesù si definisce la vera vite (cfr. Gv 15,5).
Se medito sulla vite, riconosco qualcosa di essenziale di
Dio e di Gesù Cristo e della sua relazione con me. Come
il tralcio rimane nella vite e da lei trae la forza, così la mia
vita sarà feconda solo se sono in Cristo e vengo pervaso
dal suo Spirito.

Dietro tutti gli dèi che gli Indiani conoscono, si intui-
sce facilmente la presenza di un Dio incomprensibile. La
venerazione cristiana dei santi e la loro rappresentazione
nelle nostre chiese sono forme di religiosità che hanno
analogie con la concezione indù. Naturalmente noi cristiani nei santi non vediamo degli dèi, ma crediamo che Dio
li abbia trasformati in modo particolare e che ce li abbia
donati per intercedere per noi.

Noi rivolgiamo le nostre preghiere sempre a Dio, ma
possiamo anche invocare i santi perché intercedano a nostro favore presso Dio. Nel fare questo certamente viene
esaudito un desiderio che si esprime anche nella religione
indù: che Dio operi in concreto, che nella quotidianità ci
circondino le potenze di Dio che ci aiutano, gli angeli che
ci accompagnano, e i santi, che sono presso Dio, ma che
nei nostri bisogni ci sono più vicini di Dio, così spesso
percepito come lontano e sconosciuto.

Anche il dialogo fra cristianesimo e *taoismo* si potrebbe
rivelare fecondo. Il taoismo è la religione cinese. Risale a

Lao-tze. Ma nel taoismo si sono riversate pure altre correnti religiose più antiche.

Il taoismo mira all'unità di uomo e mondo, di macrocosmo e microcosmo. Il suo punto centrale è l'armonia. Il taoismo ha sviluppato molti modi con cui trovare l'equilibrio dell'uomo con il mondo. Entrambe le forze *yin* e *yang* producono con il loro aumentare e diminuire l'equilibrio interno nell'uomo, come anche nel mondo.

Da un lato, il tao è una strada che l'uomo deve percorrere e la virtù che deve mettere in pratica. Dall'altro, il tao è «il fondamento del mondo, una potenza spirituale, già presente prima del mondo, eternamente in riposo. Così... crea il mondo, lo colma, produce forma, forza e materia, ama e nutre il mondo come una madre, rimane in sé immutabile ed è privo di desideri»[12]. L'uomo dovrebbe lasciare agire in sé il tao, come Dio dovrebbe agire libero dalla fama e dall'egoismo e non fare nessuna violenza alle cose. Il tao è il divino e contemporaneamente il consueto che si esprime nell'organizzazione del quotidiano. Il tao agisce senza irrequietezza nella pace perfetta. «Così anche l'uomo non dovrebbe lasciarsi assorbire dalla battaglia della vita, ma adattarsi alla silenziosa azione della natura»[13].

---

[12] M. Eder, *Taoismus*, s.v., in K. Galling (Hrsg.), *Die Religion in Geschichte und Gegenwart. Handwörterbuch für Theologie und Religionswissenschaft*, Band: 6 Sh - Z, 3., völlig neubearb. Aufl., Mohr, Tübingen 1962, pp. 616-619, qui p. 617.
[13] *Ibidem*.

Il taoismo ha una dimensione filosofica e una religiosa. Ha sempre avuto un legame stretto con la medicina. Si domanda come l'uomo possa vivere bene, in modo da corrispondere alla propria essenza e a tenere in equilibrio le proprie forze.

Il taoismo è stato ripreso solo in parte nell'esoterica, senza che avvenisse un vero dialogo. Sono diventati famosi il Taiji e il Quigong, che attraverso esercizi di respirazione e movimenti del corpo vogliono condurre alla pace e all'equilibrio interiore.

Nel dialogo con il taoismo sarebbe utile soprattutto ripensare la dimensione terapeutica del cristianesimo. Fra gli evangelisti, è Luca a mostrare la maggiore vicinanza al taoismo. Nel vangelo secondo Luca Gesù ci insegna l'arte della vita sana. Qui la spiritualità non si rivela solo nella preghiera e nella liturgia, ma soprattutto nel rapporto attento e autentico con le cose di questo mondo.

Un versetto mi ricorda particolarmente il taoismo. Nella parabola del servo inutile, Gesù dice: «Quando avrete fatto tutto quello che vi è stato ordinato, dite: "Siamo servi inutili. Abbiamo fatto quello che dovevamo fare''» (Lc 17,10). La spiritualità, quindi, si rivela proprio nel fare quello che dobbiamo a noi stessi, al mondo, a Dio in quel preciso momento. Nel fare quello che va fatto in quel momento. Questo atteggiamento corrisponde al taoismo, che sostiene che il tao è la cosa consueta. Né per Gesù, né per il taoismo, la spiritualità significa guardare gli altri dall'alto in basso e farsi belli con le proprie esperienze spirituali, ma fare le cose solite, senza mettersi in primo piano. Servire l'attimo, servire l'essere, sono tutti concetti che il taoismo e la spiritualità cristiana hanno in comune.

E il taoismo sotto molti aspetti corrisponde a quello che Meister Eckhart chiama il lasciar andare. Quietudine significa per lui lasciare che le cose siano come sono, invece di volerle guidare sempre secondo il proprio volere. Il fare nel non fare, di cui parla sempre Lao-tze, corrisponde alla serenità che per Meister Eckhart è espressione di colui che si affida a Dio, e così si libera di sé e del proprio egoismo.

Quietudine significa per Meister Eckhart anche liberarsi dalle immagini di Dio e abbandonarsi al Dio incomprensibile. Il taoismo non ha sviluppato particolari rappresentazioni di Dio, ma fa conto sul mistero indicibile di Dio.

Nel dialogo con le altre religioni non si tratta di mescolare tutto, ma di riconoscere in modo più chiaro l'essenza del cristianesimo. A me il dialogo con il buddhismo e il taoismo è stato di aiuto per comprendere meglio alcuni passi della Bibbia e vederli in una luce nuova.

La Bibbia stessa è già testimonianza di un dialogo riuscito fra le religioni, perché gli autori dell'Antico Testamento stabiliscono sempre un collegamento fra la fede ebraica in YHWH e le conoscenze che hanno trovato nell'ambiente circostante. Nei tardi scritti sapienziali dell'Antico Testamento la sapienza ebraica è legata alle posizioni della filosofia popolare greca.

Nel Nuovo Testamento gli autori guardano a Gesù Cristo da punti di vista diversi. Matteo interpreta Gesù sullo sfondo della teologia ebraica. Marco lo vede piuttosto dal punto di vista dei Romani. Luca lo descrive in modo tale da interpellare e da affascinare i lettori di formazione greca. Giovanni delinea per noi un'immagine di Gesù che fornisce una risposta al desiderio forte della gnosi. Paolo parla sempre di Gesù a partire dalla sua formazione di fariseo e dialogando con la filosofia stoica. Le lettere tarde lasciano intravedere le influenze del modo di pensare ellenistico. L'ellenismo era influenzato da correnti religiose diverse, come la religione persiana, i culti misterici, la religione egizia e le concezioni e le pratiche delle scuole filosofiche greche, che non solo annunciavano la sapienza, ma conoscevano anche pratiche di meditazione e di direzione spirituale, come la scuola pitagorica.

Quando guardiamo a Gesù da diversi punti di vista, si rivela a noi la pienezza della sua sapienza. Non lo confondiamo con altre religioni, ma comprendiamo piuttosto il suo mistero. Nemmeno noi cristiani possiamo affermare di aver compreso Gesù nella sua pienezza. Abbiamo una visione limitata di Gesù. Nel dialogo con le altre religioni e culture i nostri occhi si spalancano, perché possiamo riconoscere sempre più il mistero di Gesù Cristo e di Dio annunciato da Gesù.

Gesù appaga il desiderio di ogni religione. Alcuni studiosi di scienze delle religioni hanno posto Gesù sullo stesso piano di altre figure religiose dell'antichità. Quando leggono della nascita virginale dei grandi eroi greci, allora il racconto evangelico della nascita di Gesù per loro non è nient'altro che un racconto analogo a quello che si può già trovare nell'ambiente contemporaneo alla Bibbia. Quando la sacra Scrittura parla di Gesù come Figlio di Dio, per loro non significa nient'altro che Gesù è stato un uomo dotato dal punto di vista religioso, come per esempio Buddha o Laò-tze.

Ma lo possiamo vedere anche in modo diverso: la Bibbia risponde al desiderio intenso degli uomini che si esprime in molti miti e saghe, ma contemporaneamente testimonia che questo Gesù Cristo viene da Dio e che è la Parola unica di Dio agli uomini. Così la lettera agli Ebrei colloca l'operato di Gesù nella storia dei profeti e, tuttavia, mette in risalto l'unicità e la particolarità di Cristo: «Dio, che nel tempo antico aveva parlato ai padri nei profeti, in questa fine dei tempi ha parlato a noi nel Figlio, che egli costituì sovrano padrone di tutte le cose e per mezzo del quale creò l'universo. Questi, essendo l'irraggiamento della gloria e l'impronta della sua sostanza, e portando tutte le cose con la parola della sua potenza, dopo aver compiuto la purificazione dei peccati si è assiso alla destra della maestà nei luoghi eccelsi» (Eb 1,1-3).

In quanto cristiani non dobbiamo avere paura, quando dialoghiamo con le altre religioni. Possiamo essere grati per la ricchezza che troviamo anche nelle altre religioni.

Come dicevano i Padri della Chiesa, Dio ha sparso il seme del suo Logos anche in altre religioni. E questo seme è sbocciato. La Chiesa primitiva ha accolto la ricchezza delle altre religioni nella propria liturgia e spiritualità. Ha interpretato Gesù sullo sfondo dei miti pagani. Ha ripreso anche le tradizioni spirituali dell'ambiente che la circondava e le ha reinterpretate. Allora i luoghi oracolari, a cui si recavano in pellegrinaggio i devoti, per dormire nel tempio e fare esperienza in sogno della sapienza e della guarigione provenienti da Asclepio, il dio della medicina, sono stati trasformati in luoghi di pellegrinaggio cristiano. Il cristianesimo non ha mai disprezzato la sapienza delle altre religioni, ma l'ha integrata.

Per questo anche noi oggi, nel dialogo con le altre religioni, possiamo accogliere nella nostra fede ciò che rende più profondo il nostro amore per Dio e che arricchisce la nostra relazione con Gesù Cristo. Già l'apostolo Paolo, scrivendo ai Tessalonicesi, ha fornito un criterio per affrontare le tradizioni religiose dell'ambiente greco che li circondava e in cui venivano venerati dèi greci, romani e orientali: «Esaminate ogni cosa: ritenete ciò che è buono» (1Ts 5,21).

10

LA PRETESA DI ASSOLUTEZZA
DEL CRISTIANESIMO

Oggi è quasi indecente parlare di pretesa di assolutezza del cristianesimo. All'interno delle religioni molti vorrebbero portare avanti un dialogo fra pari grado e ritengono che questo dialogo venga sensibilmente disturbato, se si rimane attaccati alla pretesa di assolutezza della propria religione.

Per poter condurre un dialogo senza pregiudizi con le altre religioni dobbiamo, quindi, rinunciare alla pretesa di assolutezza? O non si tratta piuttosto di parlarne in modo nuovo, ossia in un modo che non metta sotto tutela gli altri, che non li guardi dall'alto in basso, ma che li prenda sul serio e cerchi di comprenderli?

Alcuni teologi ritengono che lo scopo del dialogo fra le religioni sia solo quello di confermarsi reciprocamente nella propria religione e in questo modo aiutarsi a vicenda a diventare migliori in quanto cristiani, ebrei, musulmani, indù o buddhisti. Un atteggiamento del genere renderebbe superflua ogni missione. Al contrario, papa Benedetto XVI punta a un dialogo in cui lo scopo non sia la mancanza assoluta di convinzioni, ma la ricerca della verità: «Il dialogo non è un intrattenimento senza scopo, ma ha di mira la persuasione, la scoperta della verità, altrimenti è senza valore»[1].

Noi cristiani non possiamo semplicemente rinunciare all'incarico missionario che Gesù ci ha conferito, ma la missione oggi deve essere improntata al dialogo. «Per questo l'annuncio deve necessariamente diventare un processo dialogico. All'altro non si dice qualcosa di completamente ignoto, ma si dischiude la profondità nascosta di ciò che egli ha già sperimentato nella sua fede. E, d'altra parte, colui che annuncia non è semplicemente uno che dà, ma è anche uno che riceve... Il dialogo tra le religioni dovrebbe diventare sempre più un ascolto del Verbo, che ci indica l'unità in mezzo alle nostre divisioni e contraddizioni»[2].

Quando oggi parliamo di pretesa di assolutezza del cristianesimo, dobbiamo guardarci da un pensiero astorico e da correnti fondamentaliste e fanatiche. Dio ha parlato anche nelle altre religioni, da cui possiamo imparare

---

[1] J. RATZINGER, *Die Vielfalt der Religionen und der eine Bund*, cit., p. 120 (*La Chiesa, Israele e le religioni del mondo*, cit., p. 73).

[2] *Ibidem* e s. (*La Chiesa, Israele e le religioni del mondo*, cit., pp. 73-74).

molto. Tuttavia, in quanto cristiani professiamo che Dio si è rivelato a noi in modo unico in Gesù Cristo.

Karl Rahner parla dell'autocomunicazione assoluta, irripetibile e definitiva di Dio in Gesù Cristo, che riassume tutte le altre autocomunicazioni di Dio nelle diverse religioni. Ma contemporaneamente Rahner ha coniato il concetto di «cristianesimo anonimo». Con questo intende che chiunque viva secondo coscienza, non importa se sia ateo o appartenga a un'altra religione, viene accettato da Dio e in questo modo può ottenere la vita eterna. «La grazia e la giustificazione, l'unione e la comunione con Dio, la possibilità di raggiungere la vita eterna, tutto ciò incontra un ostacolo solo nella cattiva coscienza di un uomo. Questo si deve intendere con l'espressione "cristianesimo anonimo"»[3].

Hans Urs von Balthasar parla della pienezza della salvezza, che si è rivelata in Gesù Cristo. E questa pienezza porterà a compimento tutto ciò che c'è nel mondo. La salvezza, che ha agito in Gesù Cristo, vale per il mondo intero. E per questo la cattolicità è una caratteristica essenziale del cristianesimo, non indicando «cattolico» alcuna confessione. Cattolico è – secondo l'interpretazione di Ignazio di Antiochia, che per primo ha usato questo

---

[3] M. KRAUSS (Hrsg.), *Karl Rahner im Gespräch mit Meinold Krauss*, Steinkopf, Stuttgart 1991, p. 54 (*La fatica di credere: Meinold Krauss a colloquio con Karl Rahner*, Edizioni Paoline, Cinisello Balsamo 1986, p. 86).

termine – l'universale, ciò che abbraccia ogni cosa che si trova in questo mondo.

La Chiesa è cattolica in quanto «Chiesa perfetta che abbraccia ogni cosa, che possiede la pienezza»[4]. Tommaso d'Aquino vede la cattolicità «nell'attitudine della Chiesa... a chiamare a sé l'intera creazione in tutti i suoi aspetti e affidarla alla pienezza»[5].

Questo significa che la Chiesa cattolica non va identificata, in modo statistico, con la Chiesa romano-cattolica e la sua struttura, ma che la dimensione veramente cattolica consiste nel fatto che la Chiesa è aperta a ogni esperienza religiosa, che rispetta le altre religioni con le loro posizioni e le loro esperienze, e che vorrebbe accogliere tutte queste esperienze nella pienezza che per lei è rappresentata da Gesù Cristo.

La Chiesa non è la pienezza. Noi cristiani non possiamo considerarci superiori agli altri, perché siamo altrettanto umani, limitati, imperfetti e peccatori come i seguaci di altre religioni. Non siamo necessariamente persone migliori degli altri, ma crediamo a colui che è la pienezza e l'autocomunicazione assoluta di Dio nella storia.

[4] H.U. VON BALTHASAR, *Die Absolutheit des Christentums und die Katholizität der Kirche*, in W. KASPER (Hrsg.), *Absolutheit des Christentums*, Herder, Freiburg i.B. 1977, pp. 131-156, qui p. 135.

[5] *Ivi*, p. 186.

Il cardinale Kasper ci ricorda che il concetto di assolutezza del cristianesimo compare per la prima volta nella filosofia dell'idealismo tedesco in Hegel. E osserva: «Agli occhi dell'uomo moderno questa pretesa non è soltanto un insopportabile scandalo, ma è anche inconciliabile con inconfutabili dati di fatto della storia delle religioni e con la storicità per principio di tutto l'essere umano. Appare come disonore, intolleranza, rottura della comunicazione e origine di fanatismo. Sembra anche contraddire alla figura storica del cristianesimo che è oscurata dal peccato»[6].

Non è il cristianesimo nella sua forma concreta, non è la Chiesa a poter rivendicare l'assolutezza, ma solo «il vangelo della grazia per tutti gli uomini», che ci è stato annunciato in Gesù Cristo.

Nella teologia vengono distinti oggi tre modelli relativi alla pretesa veritativa cristiana. L'*esclusivismo* vede solo nel cristianesimo la verità e afferma che tutte le altre religioni sbagliano. Si tratta di una corrente sostenuta al giorno d'oggi solo dai fondamentalisti. L'*inclusivismo* rimane aggrappato all'assoluta pretesa di verità del cristianesimo, «ma concede alle altre religioni la possibilità

---

[6] W. KASPER, *Absolutheitsanspruch des Christentums*, in s.v., in K. RAHNER e.a. (Hrsg.), *Sacramentum mundi: theologisches Lexikon für die Praxis*, Bd. 1, Herder, Freiburg i.B. 1967, pp. 39-44, qui p. 39 (*Cristianesimo, carattere assoluto del*, s.v., in *Sacramentum mundi: enciclopedia teologica*, vol. II, coll. 734-740, Morcelliana, Brescia 1974, col. 735).

di percepire in forma oscura momenti parziali di quella realtà divina che nella sua intera pienezza è rivelata al cristiano in Gesù Cristo»[7]. Il Concilio sostiene questa prospettiva. Oggi si rimprovera a tale modello un lieve paternalismo nei confronti delle altre religioni. Il *modello pluralista* rinuncia alla pretesa di assolutezza del cristianesimo. Distingue «fra la realtà inafferrabile del divino in sé e le sue forme di percezione e articolazione sempre finite, che si presentano per noi nella coscienza umana»[8]. Ma questo modello relativizza ogni religione e contemporaneamente se ne appropria. Sia i musulmani, sia gli ebrei si opporrebbero a una tale appropriazione.

Il buddhismo e l'induismo moderno portano avanti un altro modello. Anch'essi rivendicano l'universalità. Per questo, Radhakrishnan relativizza ogni religione, attribuendola al «maya», all'apparenza. Si tratta, tuttavia, dell'«esperienza-brahma» mistica, annunciata dall'induismo. Tutte le religioni, quindi, sono solo «forme preliminari, di cui si serve durante il cammino colui che non è ancora risvegliato, come forme di visualizzazione proprie della pedagogia della religione»[9]. Tutte le religioni, quindi, sfocerebbero nell'induismo.

---

[7] G. NEUHAUS, *Kein Weltfrieden ohne christlichen Absolutheitsanspruch: eine religionstheologische Auseinandersetzung mit Hans Küngs «Projekt Weltethos»*, Herder, Freiburg i.B.-Basel-Wien 1999, p. 82.

[8] *Ivi*, p. 84.

[9] H. BÜRKLE, *Der christliche Anspruch angesichts der Weltreligionen heute*, in W. KASPER (Hrsg.), *Absolutheit des Christentums*, cit., pp. 83-104, qui p. 99.

In modo analogo, il buddhismo moderno cerca di far comprendere al lettore in Occidente di essere la religione illuminata, che «corrisponde in modo eccellente alle esigenze di una ragione che si comprende in modo critico»[10]. Il buddhismo è «libero dalle pretese dogmatiche, privo di rappresentazioni mitiche e, in questo modo, è la religione che corrisponde all'uomo moderno»[11].

Ma se osserviamo con maggiore attenzione, ci sono anche nel buddhismo lotte accanite fra le diverse scuole. Quindi, anche il buddhismo non è del tutto libero dal dogmatismo.

Mentre i teologi cristiani preferiscono il modello pluralista, le altre religioni rimangono aggrappate al modello inclusivista. C'è un'alternativa? Gerd Neuhaus, riferendosi a Paolo, per il quale ogni conoscenza è un abbozzo, propone di rimanere aggrappati alla pretesa di assolutezza del cristianesimo, ma contemporaneamente di sottolineare che noi cristiani non possediamo la verità assoluta. Assoluto è solo Gesù Cristo. Il nostro modo di parlare di Gesù non corrisponde alla pienezza che egli rappresenta. Cita le parole di Paolo: «Ma questo tesoro lo abbiamo in vasi di creta» (2Cor 4,7).

[10] *Ivi*, p. 97.
[11] *Ibidem*.

Le nostre forme cristiane di visualizzazione andranno in frantumi per lasciare il posto alla sovrabbondanza di Dio. Per questo le nostre affermazioni su Gesù Cristo non possono rivendicare nessuna assolutezza. Secondo Paolo, una pretesa di assolutezza del cristianesimo è «sostenibile solo come professione di fede legata alla necessità permanente di trasformazione del nostro pensiero (cfr. Rm 12,2)»[12]. Gesù è la pienezza. Fa saltare il criterio di ciò che è comprensibile per l'uomo. Quindi, devo professare di non conoscere ancora Gesù Cristo nella sua pienezza. E tutto quello che dico di Gesù è sempre influenzato dal mio modo di vedere limitato e anche biograficamente condizionato. Per tale motivo, possiamo parlare dell'assolutezza di Gesù Cristo solo con rinnovata modestia e contemporaneamente con profonda fiducia, ma non dell'assolutezza del cristianesimo quale si mostra concretamente e quale è rappresentata anche nella sua dogmatica.

In quanto cristiani, non siamo migliori dei seguaci di altre religioni. Non possiamo in nessun caso guardarli dall'alto in basso, perché così negheremmo gli aspetti talvolta oscuri della storia della Chiesa.

Professiamo solo che in Gesù Cristo Dio ha comunicato se stesso in modo unico e definitivo. Ma in quanto

---

[12] G. NEUHAUS, *Kein Weltfrieden ohne christlichen Absolutheitsanspruch*, cit., p. 100.

cristiani non abbiamo ancora compreso «l'inscrutabile ricchezza del Cristo» (Ef 3,8). Nel dialogo con le altre religioni dobbiamo imparare ciò che Dio ci ha donato in Gesù Cristo suo Figlio. Solo così saremo capaci, come Paolo, «di illustrare il piano salvifico, il mistero che Dio, creatore dell'universo, ha tenuto in sé nascosto nei secoli passati» (Ef 3,9). Walter Kasper sostiene a buon diritto che non dovremmo parlare di una pretesa di assolutezza, ma annunciare la buona novella, «la quale dice che Dio ama (Gv 3,16) e ha accettato il mondo in maniera divino-assoluta e che il mondo, pertanto, non può essere in ultima analisi vuoto e nullo, assurdo e schizofrenico»[13].

Il cristianesimo è l'avverarsi del desiderio umano, così come si esprime in molte religioni. L'avverarsi del desiderio non è qualcosa di esclusivo, ma inclusivo. Non esclude le altre religioni, ma le include, senza appropriarsene. E non significa che gli uomini al di fuori del cristianesimo non raggiungeranno la salvezza. Noi cristiani crediamo che chi vive secondo coscienza raggiungerà la salvezza.

Il cristianesimo ha solo il compito, a nome di tutta l'umanità, di annunciare la buona novella di Gesù Cristo, la Parola definitiva e assoluta che Dio ci ha rivolto, e di

---

[13] W. KASPER, *Absolutheitsanspruch des Christentums*, in s.v., in K. RAHNER e.a. (Hrsg.), *Sacramentum mundi*, cit., qui p. 41 (*Cristianesimo, carattere assoluto del*, s.v., in *Sacramentum mundi: enciclopedia teologica*, vol. II, coll. 734-740, Morcelliana, Brescia 1974, col. 736).

rendere testimonianza di quella speranza che la morte e la risurrezione di Cristo hanno dischiuso a tutto il mondo. Già da giovane teologo, papa Benedetto XVI ha introdotto il concetto di rappresentanza / sostituzione nella discussione sull'assolutezza del cristianesimo: «Oggi il cristiano non continuerà ostinatamente a pensare che egli solo può raggiungere la salvezza, e nemmeno vorrà vedere ad ogni costo nei non-cristiani dei cristiani (o addirittura dei cattolici) *in voto*... Il cristiano riconoscerà invece che nel corpo sociale esistono delle prestazioni di servizio che, se non vengono richieste a tutti, pure sono necessarie per tutti, perché di esse tutti vivono»[14].

Joseph Ratzinger intende dire che chi vede l'essenza della Chiesa nella rappresentanza, rinuncerà a confrontarsi con gli altri per vedere se sia migliore dal punto di vista spirituale. Un cristiano del genere rispetta le altre religioni. Non ha la pretesa di convertire tutti gli uomini. Sa piuttosto di avere come cristiano un compito di rappresentanza per tutti: di rendere testimonianza per Gesù Cristo, la promessa assoluta di Dio a questo mondo – non solo mediante le parole, ma anche mediante la propria esistenza –. E confida che il suo servizio tornerà a vantaggio della salvezza del mondo intero, non importa se

---

[14] J. RATZINGER, *Stellvertretung*, s.v., in H. FRIES (Hrsg.), *Handbuch theologischer Grundbegriffe*, Band 2, Laie - Zeugnis, Kösel, München 1963, pp. 566-575, qui pp. 573s (*Rappresentanza-sostituzione*, s.v., in *Dizionario teologico*, ed. it. a cura di G. Riva, vol. III, Queriniana, Brescia 1968, pp. 42-53, qui p. 51).

gli uomini comprenderanno o no la sua testimonianza. «La Chiesa per poter essere la salvezza di tutti non ha bisogno di identificarsi anche esteriormente con tutti; la sua caratteristica sarà piuttosto quella di costituire, nella sequela di Cristo, dell'"Unico", la schiera dei "pochi" attraverso cui Dio desidera salvare "i molti". Il servizio della Chiesa non è compiuto *da* tutti, ma *per* tutti»[15].

L'esegeta Klaus Berger ha dimostrato che già in Israele ogni liturgia veniva celebrata in rappresentanza del mondo intero[16]. Il popolo d'Israele è convinto che le sue preghiere «servano a mantenere l'ordine del mondo»[17]. Per questo anche i primi cristiani pregavano per il mondo intero: non necessariamente per la conversione di tutti gli uomini, ma perché tutti fossero benedetti e prendessero parte alla salvezza di Dio.

Se intendiamo la pretesa di assolutezza del cristianesimo in questo senso, allora non guardiamo le altre religioni dall'alto in basso, ma piuttosto includiamo nella nostra liturgia e nella nostra preghiera tutta l'umanità. Ci sentiamo solidali con tutti coloro che cercano Dio. E nel far questo crediamo che Dio ami anche questi uomini e doni loro la sua salvezza, indipendentemente dal fatto che si riconoscano o no in Cristo.

---

[15] *Ibidem*.
[16] K. BERGER, *Ist Christsein der einzige Weg?*, cit., p. 62.
[17] *Ivi*, p. 63.

Il pensiero della rappresentanza mi aiuta a smettere di girare intorno a me stesso durante la preghiera quotidiana nel coro e a mettermi a servizio dell'intera umanità. Nel fare questo non mi trovo sotto la pressione di dover convincere gli altri. Ho fiducia, piuttosto, che attraverso la nostra preghiera comune il mondo intero diventi un po' più luminoso e redento. E per questo ha senso che anche i credenti di altre religioni preghino per tutta l'umanità. Allora le religioni non verrebbero relativizzate, ma piuttosto si sentirebbero responsabili per il mondo intero.

I monaci antichi ne erano convinti: se nel deserto, dove dominano i demoni, sconfiggo la loro malvagità e oscurità, se per mezzo della fede e della preghiera il mio cuore diventa più puro e amorevole, allora tutto il mondo diventerà un po' più redento. Allora rendo un servizio agli uomini con la mia ascesi. Non sono obbligato a paragonarmi agli altri. Svolgo il mio servizio per il mondo, un servizio che Cristo mi ha affidato. Questo servizio è per me assolutamente vincolante. Non lo posso mettere in questione. È un impegno per tutti gli uomini e per l'intero cosmo. E anche i credenti di altre religioni, mediante la loro ascesi e la loro religiosità, le loro preghiere e la loro meditazione, i loro rituali e la loro fede, collaborano alla pace e alla convivenza fra i popoli.

Klaus Berger introduce un ulteriore aspetto nel dibattito sulla pretesa di assolutezza del cristianesimo. Da un lato, il cristianesimo è un fenomeno storico unico e possiede un profilo specifico. E dall'altro, per me personalmente il cristianesimo è unico e credo «di poter vivere e morire meglio in questa religione e con questo Dio piuttosto che altrove»[18].

Non si tratta di guardare gli altri dall'alto in basso o di voler dimostrare qualcosa agli altri, ma piuttosto è in gioco la mia vita. Non posso vivere senza impegnarmi. Ho bisogno di un legame chiaro, perché la mia vita possa dispiegarsi. Pur con tutta l'apertura verso le altre religioni, devo essere ben ancorato nella mia religione e viverla con tutto il cuore, con tutta l'anima e con tutta la mia forza.

Questo, Gesù ha richiesto al nostro amore per Dio. Allo scriba, che gli domanda quale sia il primo e più importante comandamento, risponde: «Ascolta, Israele, il Signore nostro Dio è l'unico Signore e tu amerai il Signore tuo Dio con tutto il tuo cuore, con tutta la tua anima, con tutta la tua mente e con tutta la tua forza» (Mc 12,29-30). Gli esegeti ritengono che «unico» sia il linguaggio dell'amore. Non posso amare molti dèi, ma devo legarmi a un solo Dio, così come non posso amare molte donne, ma devo legarmi a una sola.

La pretesa di assolutezza del cristianesimo non vuole convincere le altre religioni che sono inferiori. Si tratta piuttosto di una sfida che per me Dio è l'assoluto, l'unico,

[18] *Ivi*, p. 57.

195

a cui va tutto il mio amore, e che Gesù per me è l'unico e il solo mediatore verso questo Dio.

Questa concezione si oppone alla relativizzazione di tutte le religioni annunciata dal buddhismo moderno e dall'induismo, che in ultima analisi intendono porre la propria religione come assoluta e smascherare ogni dimensione storica e concreta come apparenza.

In quanto cristiani rimaniamo aggrappati alla rivendicazione che Dio ha comunicato e rivelato se stesso nella storia di Gesù Cristo in modo unico e irrevocabile e che in Gesù ha operato la salvezza per il mondo intero. Non si tratta semplicemente di prospettive differenti. In Gesù Cristo succede qualcosa di significativo per il mondo intero.

E la Chiesa ha il compito missionario di annunciare l'operato di Dio in Gesù Cristo a tutto il mondo, perché il mondo intero faccia l'esperienza di sentirsi accolto e amato, redento e liberato da Dio in Gesù Cristo.

Per tale motivo posso sottoscrivere quello che Walter Kasper scrive relativamente al tema della pretesa di assolutezza del cristianesimo: «Il desiderio dell'uomo si rivolge in ultima analisi all'incondizionato e al definitivo. Solo l'incondizionato e il definitivo possono liberarlo dalla spinta dei mille condizionamenti della quotidianità e dargli pace nella frenesia e nella furia che caratterizzano ciò che è provvisorio. Nella visione cristiana, proprio il legame incondizionato a Dio dona all'uomo libertà e gioia. Lo scopo è quello di relativizzare i relativizzatori. Il cristianesimo, proprio oggi che possiamo osservare una catastrofica mancanza di senso, non può essere efficace abbassando la pretesa di autorità della sua "causa", ma solo facendola valere, in tutta umiltà, come risposta alla situazione attuale e come compimento della speranza degli uomini nella sua forza liberante»[19].

[19] W. KASPER, *Absolutheit des Christentums*, cit., p. 11.

CONCLUSIONE

La fede dei cristiani risveglia oggi un interesse nuovo fra le molte persone che sono alla ricerca dal punto di vista spirituale. Nel far questo non vogliono conoscere la fede cristiana solo dal punto di vista del contenuto. Vorrebbero, invece, vedere e vivere il modo in cui la fede plasma i cristiani, in cui li aiuta ad affrontare i conflitti e le paure quotidiane, le esigenze della quotidianità, le esperienze di dolore e il desiderio di felicità. Vogliono vedere gli effetti della fede cristiana.

Luca ha descritto la comunità originaria a Gerusalemme come comunità attraente e invitante. I cristiani nella loro reciprocità vivevano in modo esemplare qualcosa che ha suscitato una profonda impressione sull'ambiente che li circondava: «Ogni giorno erano assidui nel frequentare insieme il tempio, e nelle case spezzavano il pane, prendevano il cibo con gioia e semplicità di cuore, lodando Dio e godendo il favore di tutto il popolo. Il Signore aggiungeva

ogni giorno al gruppo coloro che accettavano la salvezza»
(At 2,46-47). La comunità di Gerusalemme viveva la sua
fede in modo tale che anche gli altri ne erano affascinati.
Sentivano che la comunità era pervasa da qualcosa che
toccava anche il loro cuore.

Per questo anche il nostro compito come cristiani sarebbe vivere la nostra fede in modo che sia una risposta
alle domande e ai desideri degli uomini.

Il mondo vuole vedere che cosa portano i cristiani al
mondo di oggi. Sin dall'inizio del cristianesimo i cristiani si sono impegnati perché attraverso di loro il mondo
diventasse più luminoso e più redento. Si sono impegnati
dal punto di vista politico. Si sono curati di coloro che
si trovano ai margini della società.

Ma agli uomini non basta guardare con stupore ai suc-
cessi esteriori del cristianesimo. Vorrebbero leggere nel
cristiano concreto quale aura gli conferisca la fede, quale
sapore lasci la fede cristiana nell'uomo.

Nel fare questo dobbiamo confessare sinceramente
che la nostra aura spesso non è plasmata dalla nostra fede cristiana, ma da modelli di vita che abbiamo assunto
già nell'infanzia, o dalla struttura psichica che ci è stata
trasmessa dai genitori. Spesso il cristianesimo appare
solo come patina superficiale.

La sfida del nostro tempo è rendere testimonianza in
questo mondo della speranza che ci colma (cfr. 1Pt 3,15)

in modo comprensibile e sperimentabile. Dovremmo rendere testimonianza della fede che ci sostiene e dell'amore che ci viene incontro in Cristo.

Allora, gli altri noteranno in noi un'aura cristiana solo se percorriamo una via spirituale, se ci lasciamo trasformare da Gesù Cristo nella preghiera e nella meditazione, nel silenzio e nella liturgia.

Il dialogo con le altre religioni ci obbliga a percorrere in modo coerente la nostra via religiosa, perché lo Spirito di Cristo penetri nelle nostre emozioni e passioni, nel nostro corpo e nella nostra anima. Solo se ancoreremo il nostro essere umano con tutti i suoi alti e bassi, con i lati luminosi e oscuri nella relazione a Dio e a Gesù Cristo, allora diverremo permeabili a Gesù Cristo.

Questo richiede sincerità e una pratica religiosa coerente, ascesi e mistica, preghiera e meditazione, conoscenza di sé e incontro con Cristo. Nel dialogo con le altre religioni spesso abbiamo messo in primo piano l'impegno sociale. Della dimensione sociale della nostra fede possiamo essere orgogliosi, ma non possiamo trascurare la dimensione spirituale e mistica, altrimenti non potremo testimoniare lo Spirito di Cristo nel mondo presente.

Non basta tessere le lodi del valore della nostra fede cristiana, se non si riesce a percepire la fede negli occhi di coloro che l'annunciano, se da questi occhi non ci vengono incontro che bramosia e freddezza.

Naturalmente dobbiamo guardarci dall'esigere troppo da noi stessi in quanto cristiani. Non siamo migliori degli altri. Possiamo solo dire che la nostra fede cristiana ci aiuta ad affrontare i presupposti del nostro essere uomini. Ma facciamo di continuo l'esperienza dolorosa che lo spirito cristiano non è ancora penetrato fino alle radici della nostra esistenza.

I primi cristiani erano consapevoli della responsabilità di dover rendere testimonianza con la loro esistenza dello Spirito di Gesù in un mondo che, nonostante la cultura elevata dei Romani e dei Greci, manifestava segni di decadenza. Per questo, nella lettera a Tito si dice che la grazia di Dio, che è apparsa in Gesù Cristo, ci insegna «a vivere nel secolo presente con saggezza, con giustizia e pietà, rinunciando all'empietà e ai desideri mondani, in attesa della beata speranza e della manifestazione della gloria del grande Dio e Salvatore nostro Gesù Cristo» (Tt 2,12-13). L'autore del testo dà per scontato, evidentemente, che i non-cristiani possano comprendere che i cristiani vivono in questo mondo in modo differente, che non sono spinti dalle stesse pulsioni, ma che sono interiormente liberi, che rendono giustizia al proprio essere uomini e che vengono guidati da una speranza, che in ultima analisi va al di là di questo mondo.

I credenti di altre religioni non se la prendono con noi perché siamo cristiani. Piuttosto, vogliono capire in che cosa consiste il nostro essere cristiani, in che cosa crediamo e come crediamo e come la nostra fede plasma la nostra vita. Il dialogo con le altre religioni non deve per forza portare al dissolvimento della nostra identità cristiana. Al contrario, può diventare una sfida a scoprire e a vivere in modo più chiaro la nostra identità cristiana. Questo favorisce il dialogo.

Mostriamo la nostra identità in modo chiaro, così gli altri possono comprenderci meglio. Molti musulmani rispettano i cristiani che vivono in modo coerente a partire dalla fede, ma quello che non riescono a capire è il dissolvimento della fede che si osserva in ampi circoli della nostra società «cristiana».

Per questo, l'aspirazione a una identità chiara non si contrappone al dialogo aperto e comprensivo. Il dialogo ha bisogno di chiarezza riguardo alla propria identità e contemporaneamente apertura e rispetto verso colui con il quale dialoghiamo, la disponibilità a comprenderlo nella sua fede differente e nelle sue esperienze differenti, e la disponibilità anche a imparare da lui. Il filosofo della religione indiano Raimon Panikkar scrive a proposito di questo dialogo: «Per comprendere, dobbiamo ascoltare, essere partecipi. L'incontro richiede anche la disponibilità a esporsi agli altri, ad affrontare il rischio di venire feriti. L'incontro riuscito si trasforma in amicizia. Si può dire che senza un tale incontro personale, fatto di amicizia e fiducia, non si può sviluppare nessun dialogo»[1].

Nel credere, centrale non è mai solo il contenuto della fede, ma sempre anche *il modo in cui* si crede. La parola greca per fede, *pístis*, ha a che vedere con fedeltà, fiducia e stabilità.

Paolo ammonisce i Corinzi: «State saldi nella fede» (1Cor 16,13). Il vangelo di Gesù Cristo è per Paolo il terreno su cui noi siamo saldi (cfr. 1Cor 15,1). E i Filippesi gli procurano grande gioia, quando rimangono saldi nel Signore. In Gesù Cristo diventiamo più saldi.

Per me personalmente, la fede cristiana, che ho appreso nella mia infanzia dai miei genitori, insegnanti ed educatori, è sempre stata un terreno solido su cui ho potuto costruire la mia casa di vita. E questa fede mi ha sempre sostenuto, anche nei periodi di crisi. Mi sono aperto anche alle altre religioni, ma non ho mai corso il pericolo di rinunciare alla mia fede cristiana e di rivolgermi alle altre religioni. La mia fede è entrata in profondità nella mia carne e nel mio sangue. E continuo a essere felice di essere cristiano, di aver trovato in Gesù Cristo la mia àncora.

Nell'incontro con Cristo ho appreso un nuovo modo di vedere me stesso, i miei fratelli e le mie sorelle. E per mezzo suo mi si è svelato il mistero del Dio trinitario.

---

[1] R. Panikkar, *Kulturelle Grenzen überschreiten*, cit., qui p. 105.

Dio non è il Dio lontano, chiuso in sé, ma il Dio che è aperto a noi e che ci attrae nella comunione con sé. Dio abita in noi e noi in lui. Quello che Gesù ci ha promesso nella preghiera sacerdotale prima della sua morte è per me il compimento di ogni desiderio di esperienza mistica: «Siano uno come noi siamo uno, io in loro e tu in me» (Gv 17,22-23).

Sono grato per la fede che ho ricevuto. Nel dialogo con le altre religioni torno sempre e volentieri alla mia fede cristiana.

Il «sapore» che proviene da questa fede mi si confà. È il sapore della misericordia e dell'amore, dell'ampiezza e della libertà, della delicatezza e del calore. E soprattutto è il sapore della grazia. Non devo fare tutto da solo. Dio si è piegato su di me, mi è venuto incontro in Gesù Cristo e mi ha toccato e interpellato con amore in Gesù. E attraverso Gesù continua a interpellarmi.

Non vorrei mai sentire la mancanza di questo «sapore di Gesù». Mi accompagna in tutte le stazioni della mia vita. E mi accompagnerà fino oltre la morte. Allora spero che Gesù mi venga incontro come il Risorto e mi dica la parola di consolazione che in croce ha rivolto al ladrone sito alla sua destra: «In verità ti dico: oggi, sarai con me in paradiso» (Lc 23,43). E ho fiducia che mi chiamerà per nome come Maria di Magdala e alle mie labbra saliranno le parole: «Più forte della morte è l'amore». Anche nella morte non verrò escluso dall'amore che ho sperimentato nella mia vita da Gesù e che provo per lui. Nella morte – così credo io – viene esaudito il desiderio che Paolo esprime così: «Desidero andarmene ed essere col Cristo» (Fil 1,23).

NOTA BIBLIOGRAFICA

H.U. VON BALTHASAR, *Die Absolutheit des Christe-tums und die Katholizität der Kirche*, in W. KASPER (Hrsg.), *Absolutheit des Christentums*, Herder, Freiburg i.B.1977, pp. 131-156.

BENEDETTO XVI, Lettera enciclica *Deus caritas est*, Libreria Editrice Vaticana, Città del Vaticano 2006.

K. BERGER, *Ist Christsein der einzige Weg?*, Quell, Stuttgart 1997.

J. BETZ, *Eucharistie als zentrales Mysterium*, in J. FEINER - M. LÖHRER (Hrsg.), *Mysterium Salutis:Grundriss heilsgeschichtlicher Dogmatik*, Bd. 4.2,Benziger, Einsiedeln-Zürich-Köln 1973, pp. 185-392 (*L'eucarestia come mistero centrale*, in *Mysterium salutis: nuovo corso di dogmatica come teologia dellastoria della salvezza*, vol. 8.2, edizione italiana a curadi T. Federici, Queriniana, Brescia 1975, pp. 229-388).

D. BONHOEFFER, *Widerstand und Ergebung: Briefe und Aufzeichunungen aus der Haft*, hrsg. von E. Bethge, Kaiser, München 1966 (*Resistenza e resa: lettere e scritti dal carcere*, trad. it. di A. Gallas, San Paolo, Cinisello Balsamo 1996).

M. BUBER, *Das dialogische Prinzip*, L. Schneider, Heidelberg 1962 (*Il principio dialogico e altri saggi*, trad. it. di A.M. Pastore, San Paolo, Cinisello Balsamo 2004).

H. BÜRKLE, *Der christliche Anspruch angesichts der Weltreligionen heute*, in W. KASPER (Hrsg.), *Absolutheit des Christentums*, Freiburg i.B. 1977, pp. 83-104.

CONCILIO VATICANO II, Dichiarazione *Nostra Aetate* sulle relazioni della Chiesa con le religioni noncristiane, 28 ottobre 1965.

E. DREWERMANN, *Glauben in Freiheit oder Tiefenpsychologie und Dogmatik*, Bd. 1: *Dogma, Angst und Symbolismus*, Walter, Solothurn-Düsseldorf 1993.

M. EDER, *Taoismus*, s.v., in K. GALLING (Hrsg.), *Die Religion in Geschichte und Gegenwart. Handwörterbuch für Theologie und Religionswissenschaft*, Band: 6 Sh – Z, 3., völlig neubearb. Aufl., Mohr, Tübingen 1962, pp. 616-619.

EVAGRIUS PONTICUS, *Praktikos. Über das Gebet*, Übers. u. Einl. v. J.E. Bamberger, aus d. Engl. übers. v. G. Joos, Vier-Türme, Münsterschwarzach 1986 (*La preghiera*, trad. it. di F. Messana, Città Nuova, Roma 1994).

A. Grün, *Erlösung. Ihre Bedeutung in unserem Leben*,Kreuz, Stuttgart 2004 (*Redenzione: il suo significato nella nostra vita*, trad. it. di D. Pezzetta, Queriniana, Brescia 2005).

R. Guardini, *Das Wesen des Christentums*, Werkbund-Verl., Abt. Die Burg, Würzburg 1938 (*L'essenza del cristianesimo*, trad. it. di M. Baronchelli, Morcelliana, Brescia 1984).

W. Kasper, *Absolutheitsanspruch des Christentums*, in s.v., in K. Rahner e.a. (Hrsg), *Sacramentum mundi: theologisches Lexikon für die Praxis*, Bd. 1, Herder, Freiburg i.B. 1967, pp. 39-44 (*Cristianesimo, carattere assoluto del,* s.v., in *Sacramentum mundi: enciclopedia teologica*, vol. II, Morcelliana, Brescia 1974, coll. 734 - 740).

W. Kasper (Hrsg.), *Absolutheit des Christentums*, Herder, Freiburg i.B. 1977.

H.J. Klauck, *Anknüpfung und Widerspruch. Das frühe Christentum und die multireligiöse Welt der Antike*, Katholische Akademie, München 2002.

R. Körner, *Gedächtnis*, s.v., in C. Schütz (Hrsg.), *Praktisches Lexikon der Spiritualität*, Herder, Freiburg i.B. 1988, pp. 454-457.

M. Krauss (Hrsg.), *Karl Rahner im Gespräch mit Meinold Krauss*, Steinkopf, Stuttgart 1991 (*La fatica di credere: Meinold Krauss a colloquio con Karl Rahner*, Edizioni Paoline, Cinisello Balsamo 1986).

H. KÜNG, *Christ sein*, Piper, München 1974 (*Essere cristiani*, trad. it. di G. Re e M. Beck, Mondadori, Milano 1988).

H. KÜNG, *Das sogenannte und das wahrhaft Christliche. Brief an einen Kollegen*, in W. JENS (Hrsg.), *Warum ich Christ bin*, Kindler, München 1979, pp. 216-238.

H. KÜNG, *Weltethos für Weltpolitik und Weltwirtschaft*, Piper, München 1997 (*Etica mondiale per la politica e l'economia*, trad. it. di C. Danna, Queriniana, Brescia 2002).

G. LOHFINK, *Universalismus und Exklusivität des Heils im Neuen Testament*, in W. KASPER (Hrsg.), *Absolutheit des Christentums*, Herder, Freiburg i.B. 1977, pp. 63-82.

J.B. METZ, *Befreiendes Gedächtnis Jesu Christi*, Matthias Grünewald, Mainz 1970.

J.B. METZ - T.R. PETERS, *Gottespassion: zur Ordensexistenz heute*, Herder, Freiburg i.B. 1991 (*Passione per Dio: vivere da religiosi oggi*, trad. it. di D. Pezzetta, Queriniana, Brescia 1992).

G. NEUHAUS, *Kein Weltfrieden ohne christlichen Absolutheitsanspruch: eine religionstheologische Auseinandersetzung mit Hans Küngs «Projekt Weltethos»*, Herder, Freiburg i.B.-Basel-Wien 1999.

R. PANIKKAR, *Kulturelle Grenzen überschreiten. Situationsanalyse des interreligiösen Dialogs*, «Erbe und Auftrag», 82 (2006), pp. 102-105.

K. RAHNER, *Christentum*, s.v., in K. RAHNER e.a. (Hrsg), *Sacramentum mundi: theologisches Lexikon für die Praxis*, Bd. 1, Herder, Freiburg i.B. 1967, pp. 720-744 (*Cristianesimo*, s.v., in *Sacramentum mundi: enciclopedia teologica*, vol. II, Morcelliana, Brescia 1974, pp. 706-734).

K. RAHNER, *Grundkurs des Glaubens: Einführung in den Begriff des Christentums*, Herder, Freiburg i.B.1976 (*Corso fondamentale sulla fede. Introduzione al concetto di cristianesimo*, trad. it. di C. Danna.Edizioni Paoline, Cinisello Balsamo 1990).

J. RATZINGER, *Stellvertretung*, s.v., in H. FRIES (Hrsg.), *Handbuch theologischer Grundbegriffe*, Band 2, Laie-Zeugnis, Kösel, München 1963, pp. 566-575 (*Rappresentanza-sostituzione*, s.v., in *Dizionario teologico*, ed. it. a cura di G. Riva, vol. III, Protestantesimo-Vita, Queriniana, Brescia 1968, pp. 42-53).

J. RATZINGER, *Einführung in das Christentum: Vorlesungen über das Apostolische Glaubensbekenntnis*, Kösel, München 1968 (*Introduzione al cristianesimo: lezioni sul simbolo apostolico*, trad. it. di G. Francesconi, Queriniana, Brescia 2005).

J. RATZINGER, *Die Vielfalt der Religionen und der eine*

Bund, Urfeld, Hagen 1998 (*La Chiesa, Israele e le religioni del mondo*, trad. it. di G. Reguzzoni, San Paolo, Cinisello Balsamo 2000).

J. Ratzinger, *Gott und die Welt: Glauben und Leben in unserer Zeit. Ein Gespräch mit Peter Seewald*, Dt. Verl.-Anst., Stuttgart-München 2000 (*Dio e il mondo: essere cristiani nel nuovo millennio. In colloquio con Peter Seewald*, trad. it. di O. Pastorelli, San Paolo, Cinisello Balsamo 2001).

A. Samy, *Aktuelle Fragen der Zen-Unterweisung. Sind christliche Lehrer Kolonisatoren?*, «Geist und Leben», 6 (2005), pp. 424-439.

M. Schmeisser, *Kunst*, s.v., in C. Schütz (Hrsg.), *Praktisches Lexikon der Spiritualität*, Herder, Freiburg i.B. 1988, pp. 746-750.

P. Schmidt-Leukel, *Buddhismus und Christentum. Ausdrucksgestalten und Kontexte unterschiedlicher Erfahrungen mit derselben transzendenten Wirklichkeit*, in R. Kirste - P. Schwarzenau - U. Tworuschka (Hrsg.), *Wertewandel und religiöse Umbrüche*, Zimmermann, Balve 1996, pp. 301-325.

O. Steggink, *Mystik*, s.v., in C. Schütz (Hrsg.), *Praktisches Lexikon der Spiritualität*, Herder, Freiburg i.B. 1988, pp. 904-910.

H. Waldenfels, *Phänomen Christentum: eine Weltreligion in der Welt der Religionen*, Herder, Freiburg i.B.-Basel-Wien 1994 (*Il fenomeno del cristianesimo:*

una religione mondiale nel mondo delle religioni,
trad. it. di C. Danna, Queriniana, Brescia 1995).

J. WERBICK, *Vom entscheidend und unterscheidend
Christlichen*, Patmos, Düsseldorf 1992.

INDICE

Biblioteca Universale Cristiana

Al tempo della globalizzazione, di internet,
della fine delle ideologie, della sfida tra
relativismo e quel che resta del pensiero forte,
la proposta di una Biblioteca Universale
Cristiana è una scelta controcorrente,
che persegue precisi valori e finalità:

contenutistici: un invito per tutti coloro
che (credenti o meno) ricercano punti
di riferimento letterari e spirituali,
per costruire strade comuni;
di memoria culturale: riproposizione
di opere che, spesso introvabili,
appartengono a un patrimonio che non
è solo cristiano, ma pienamente umano;
economici: una proposta di opere
dal valore assoluto (etico ed estetico)
a costi accessibili a tutti.

Biblioteca Universale Cristiana:
uno scrigno da cui trarre «cose antiche
e cose nuove»; testi di credenti e non,
con in comune il respiro dell'Assoluto.

 buc

Finito di stampare nel mese di febbraio 2012
presso Grafica Veneta S.p.a. Trebaseleghe - Padova
Printed in Italy